UNE ANNÉE PAS COMME LES AUTRES

Avec la collaboration de Mathieu Le Maux

34-36, rue La Pérouse
75116 Paris

Collection Hugo Sport et ouvrage dirigés par Bertrand Pirel
Graphisme de couverture et mise en page : Emmanuel Pinchon
Photographie de couverture : © DR

ISBN : 9782755694826
Dépôt légal : novembre 2021
Imprimé en France par CPI Brodard et Taupin
N° d'impression : 3046021

PIERRE MÉNÈS

UNE ANNÉE PAS COMME LES AUTRES

Hugo Sport

SOMMAIRE

AVANT-PROPOS

On ne va pas se mentir, l'année 2021 a été difficile pour tout le monde. Pour le football. Et pour moi. Les stades ont été vides pendant toute la saison dernière. Comme eux, j'ai été réduit au silence suite aux « révélations » que l'on sait et aux conséquences qui en ont découlé. C'était le 21 mars, qui est aussi le jour anniversaire du décès de mon père, histoire que je sois bien sûr de ne pas oublier cette date. Durant cette période, je me suis peu exprimé. Parce que cela ne servait à rien, si ce n'est pour prendre des torrents d'injures. Je ne reviendrai pas sur tout cela dans ce livre. Je veux parler ici de ce qui m'a manqué et qui me tient à cœur, comme disent les footballeurs : livrer mon point de vue sur l'actualité du football. Quand on est comme moi dans le foot depuis trente-cinq ans, il est très frustrant de ne rien pouvoir commenter, de ne pas avoir l'opportunité de réagir à ce qui peut se passer de bien, ou de moins bien. C'est pour cela que j'ai accepté d'écrire ce livre, quand Hugo Sport me l'a proposé. C'est pour moi l'occasion de faire une remise à jour, et de me lancer dans des nouveaux projets, à l'instar de ma plateforme digitale, « Pierrot le Foot », réalisée avec le groupe de presse Reworld Media.

Mbappé, Messi, Ronaldo, les droits TV, les Bleus, la Ligue 1… Il s'est passé énormément de choses sur lesquelles revenir, et je vais le faire avec grand plaisir. Avec le mordant qui me caractérise, quand ça le mérite. Et vous le verrez, je sais aussi distribuer les bons points… On dit souvent que je ne fais que critiquer. Objectivement, ce n'est pas le cas. Contrairement à ce que beaucoup peuvent penser, je n'ai jamais le sentiment de faire de la surenchère, de l'attaque, de la vanne gratuite… Les professionnels du foot, quels qu'ils soient, vivent de plus en plus dans un milieu aseptisé. Je n'entrerai jamais dans ce moule.

Bonne lecture,

Pierrot

LE PSG

Ce club qu'on adore détester

Je n'ai jamais caché que j'ai été un abonné du PSG, en tribune Auteuil, à une époque où il n'y avait pas grand monde. Et si je suis devenu supporter du PSG, c'est tout simplement parce que je suis Parisien. J'aurais été Marseillais, je serais devenu supporter de l'OM, et si j'étais né à Auxerre, je serais devenu supporter de l'AJA. Mon premier match au Parc des Princes, qui est d'ailleurs mon premier match dans un stade tout court, c'était le 30 novembre 1977, un PSG-Bastia (3-3). Dès l'année suivante, je me suis abonné, c'était gratuit pour les mineurs.

Près de vingt ans plus tard, à l'été 1995, journaliste à *L'Équipe*, on me confie le suivi de l'actualité du PSG. Eh bien je peux vous dire que pour te dégoûter de ce club, le mieux, c'est de travailler dessus ! La saison débute en fanfare à Bastia (décidément...). Le président Michel Denisot prend un pain dans la tronche à Furiani. Dans la nuit, de retour à Paris,

Patrice Loko pète un câble en sortant de boîte de nuit et fait un scandale durant sa garde à vue. Le lendemain, Alain Roche se fait les croisés à l'entraînement. La saison a commencé depuis trois jours, et je suis déjà rincé ! D'autant plus qu'à l'époque, j'habitais à côté de Disneyland, à 80 bornes du Camp des loges, donc pour aller tous les jours là-bas, c'était un péplum. J'ai suivi le PSG jusqu'à la victoire en Coupe des Coupes, puis en 2000, l'année Anelka. Dans mes années de journaliste, la seule saison où je suis vraiment redevenu supporter du PSG, c'est quand ils étaient à deux doigts de descendre en Ligue 2, avec ce fameux match à Sochaux où ils gagnent 2-1 grâce à un doublé d'Amara Diané. Là, j'ai vraiment eu les chocottes.

Et puis le PSG est devenu qatari. Un club alléchant, attrayant, avec des grands joueurs. Mais ce n'est plus « mon » PSG. Le mien, c'est celui de Safet Susic, mon idole pour toujours. Et je m'en suis un peu détaché parce que je ne les suivais plus de près, je travaillais à la télé, c'était totalement différent. Malgré tout, je sais que je suis estampillé « défenseur du PSG ». Pourquoi je le suis ? Parce qu'on est tout le temps sur les côtes de ce club, notamment *L'Équipe*, c'est fou. Le dernier exemple auquel je pense, c'est le « clochardgate », la pseudo-embrouille entre Mbappé et Neymar. Clochardgate... Nan mais rien que le nom… C'est le genre de polémique à deux balles qui explique le divorce avec ce qui était mon ancienne famille – j'y ai passé vingt et un ans... Leur politique anti-PSG, juste pour faire du buzz, du clic et de l'audience, ça me débecte. S'ils sont autant ciblés sur le PSG, c'est parce que c'est ce qui fait vendre. À Canal, on avait des études : le foot, en France, c'est Paris, Marseille, et Lyon loin derrière. Les autres clubs, les gens s'en foutent. On nous reprochait de ne parler que de Paris, Marseille et Lyon, mais il faut bien comprendre que c'est une émission française d'access prime-time du dimanche, on ne va pas parler de Sochaux et de Dijon ! La vérité, c'est qu'une émission comme ça est là pour donner aux gens ce qu'ils ont envie de manger, ce qui les passionne, sans qu'ils soient forcément supporters. Et c'est vraiment très curieux parce que si on regarde bien les sondages, Paris est, avec Marseille, le club le plus aimé… et le plus détesté en France. On finit par se dire que les gens veulent leur dose de PSG, que ce soit en bien ou en mal. Le problème, c'est qu'on en dit constamment beaucoup trop de mal.

Du temps où je suivais le PSG, c'était une merde par jour. C'est toujours le cas, sauf qu'aujourd'hui, la merde, ce sont les journalistes qui la créent. Moi, à l'époque, je priais pour avoir une journée tranquille. Je rêvais d'arriver à la rédaction et de dire

« RAS, pas de blessé, tout va bien, pas la peine de faire un papier ». Ça n'arrivait jamais. Aujourd'hui, on fabrique les embrouilles. On a passé l'été sur Mbappé, après avoir passé le précédent sur Neymar. Et bien sûr il y a eu Messi, aussi. Je peux comprendre qu'on veuille en parler tous les jours mais enfin bon, au final, ça s'est fait en cinq jours cette histoire. Passe encore pour les papiers d'analyse qui ont suivi son arrivée, mais faire un article pour dire qu'il a trouvé un logement à 20 000 euros à Neuilly, on s'en fout.

Au-delà de *L'Équipe*, ce qui revient tout le temps dans les médias, c'est que le club appartiendrait à un État terroriste. J'ai passé trois jours à Doha : je n'ai pas senti le terrorisme, ni même l'intégrisme religieux. J'ai vu des femmes faire leur jogging en short, sortir en mini-jupe en boîte, boire de l'alcool. Ça ne donnait pas vraiment l'impression que les femmes y sont voilées de force et lapidées à tous les coins de rue. On leur reproche de financer des organisations terroristes ? OK, mais pourquoi en parle-t-on uniquement à propos du PSG ? Pourquoi on ne regarde jamais ailleurs : combien de palaces parisiens leur appartiennent, quel pourcentage de Vivendi ils détiennent ? Ils ne sont pas fous, les Qataris, ils savent que le gaz n'est pas une denrée inépuisable, donc ils dispatchent leurs avoirs. Mais on n'en parle jamais, de ça. Moi, ce que je vois, c'est ce que le Parc est devenu, c'est le centre d'entraînement qu'ils sont en train de construire. C'est un truc de fou, ce qu'ils font. Ils en ont fait une machine de guerre commerciale, et on ne se rend pas compte de l'impact du PSG aujourd'hui dans le monde. Et puis, on ne connaît pas la part exacte que représente le financement du Qatar dans le club. On ne sait pas si le PSG n'est pas proche de l'autofinancement.

Maintenant, on trouve des maillots du PSG partout, même à Marseille ! C'est dire. Je rappelle au passage que le sponsor maillot, c'est un sponsor français. Ils viennent de signer un partenariat avec Dior. L'année dernière, c'était Hugo Boss. On monte en gamme, là, non ? Et ce n'est certainement pas le même contrat. Autre nouveau sponsor : une boîte qui fait de la crypto-monnaie, ce qui témoigne d'une certaine modernité. Mais non, ils sont aussi critiqués pour ça, on les accuse de tout prendre. Mais pourquoi ils s'en priveraient ? On est trop dur avec ce club, on est en permanence sur son dos. Quoi qu'il fasse. Toujours à chercher la petite bête.

On cogne sur l'institution, mais aussi sur les joueurs, et avec une telle mauvaise foi ! On leur tombe dessus en permanence, ce n'est jamais bien. On scrute tout, on interprète tout, et toujours dans le mauvais sens. Dernier exemple en date :

le déplacement à Rennes, début octobre, pour la 9e journée de Ligue 1. Vol annulé à cause des intempéries. Les joueurs se rendent en Bretagne en minibus ou au volant de leur propre caisse. Et là, tollé général : « Ils ne pouvaient pas prendre le train ? » Alors déjà, tout dépend à quelle heure le vol a été annulé, on n'en sait rien. Et certes le PSG a de l'influence, mais il ne décide pas encore des horaires et du trafic de la SNCF ! Et quand bien même ils en auraient chopé un ric-rac, ils n'allaient pas arriver à 12h20 en gare de Rennes pour jouer à 13 h. On n'est pas en Régionale 3 ! Et on pense sérieusement que Neymar et Messi vont prendre le TGV au milieu de tout le monde ? Allons allons, ça n'a pas de sens.

Côté sportif, c'est encore pire ! Ils vont en finale de Ligue des Champions ? Ah oui très bien mais – il y a toujours un « mais » – c'était la « Coupe Covid ». Qu'on demande au Bayern si c'était la Coupe Covid ! Qu'on demande au Barça, qui a pris huit buts contre Munich, si c'était la Coupe Covid ! Ah non, là, pour eux, tout à coup ça ne l'était pas. Alors effectivement, le PSG a bénéficié d'un tirage au sort favorable. Mais ce n'est quand même pas de leur faute si Leipzig élimine l'Atletico ! Le truc qui m'a le plus choqué, après la finale, et que je trouve hallucinant, c'est qu'on impose au PSG d'enchaîner avec la première journée de championnat... quatre jours plus tard. D'où on a vu que des joueurs pouvaient enchaîner une finale perdue de Ligue des Champions avec un pauvre match de championnat quatre jours après ? Qui organise les calendriers ? Qui manque à ce point de jugeote ? Ils ont finalement fait décaler le match et c'est tant mieux, mais on a crié au scandale. Avec le PSG, tout est scandale. D'autant que derrière, nouvel esclandre. Plusieurs joueurs partis souffler à Ibiza quelques jours sont testés positifs au Covid à leur retour. Et bam, polémique, évidemment ! Sauf que quand on regarde les dates, ils ont sûrement chopé le Covid avant !

Ibiza a servi de prétexte pour leur cogner dessus, pour raconter qu'ils n'étaient pas sérieux, mais il n'y a eu personne pour souligner que dans le même temps, toute l'équipe du Bayern était elle aussi à Ibiza et que bizarrement, aucun joueur n'en était revenu avec le Covid !

Quant au jeu et aux résultats, alors là, on atteint des sommets. Ils gagnent 2-0 cet automne contre Manchester City ? On dit qu'ils n'ont pas eu le ballon. Enfin excusez-moi, c'est arrivé à d'autres ! Personne n'a le ballon contre une équipe entraînée par Guardiola ! À l'arrivée, le PSG les a quand même battus. Mais on ne le met pas à son crédit, c'est City qui n'a pas été bon. C'est fatiguant. En championnat, même combat. Le PSG perd un match ? C'est un scandale, une honte même, au regard de l'argent dont ils disposent. Lille est champion ? On dit que c'est le PSG qui a perdu le titre. Mais non, bordel ! C'est Lille qui a fait le boulot, qui est allé le chercher. Au final, la seule critique de fond que je ferais au PSG, et surtout aux dirigeants, c'est de parler de la Ligue des Champions comme d'une obsession. Là, je pense qu'ils font erreur. Vont-ils gagner la Ligue des Champions avec cet effectif cette année ? J'ai de gros doutes. Ils y arriveront un jour, mais cette année, je ne sais pas. Il va falloir faire des choix au milieu, que des pièces maîtresses soient absolument là, à commencer par Verratti ou Neymar, que le trio d'attaque fonctionne, etc. Et j'ai bien peur que même s'ils la gagnent, on trouvera toujours à redire.

KYLIAN MBAPPÉ

Un champion si mal aimé

Ce n'est un secret pour personne : j'adore Kylian Mbappé. Ce gamin me bluffe, sur le terrain comme en dehors. Il est intelligent, drôle, il parle anglais, espagnol. Moi je n'oublie jamais qu'il n'a que 22 ans. Même s'il ne faut pas lui parler de son âge, quelle maturité ! Le problème avec lui, depuis plus d'un an, c'est que tout ce qu'il dit ou fait devient à charge, c'est toujours : « Quel melon ! » Je trouve qu'on est injuste et trop exigeant envers lui. Ça me rappelle Tony Parker. Il était le roi de la NBA et on disait : « Quelle arrogance ! » Sauf que Tony, c'était un « Américain », qui s'exprimait dans ce contexte du basket US, où l'arrogance et le « trash talking » font partie du jeu. Mais c'est du basket, en France, tout le monde s'en fout. La personnalité de « TP » dans le foot, en revanche, ça aurait fait un bordel inouï.

Dans notre pays, un Français n'a pas le droit de dire « Je suis un champion, je veux être le meilleur au monde, je veux tout gagner ». Si c'est Ronaldo qui le dit, on applaudit. Si c'est un Français, à part Teddy Riner, il se fait détruire. Et encore… Riner, quand il est éliminé aux derniers Jeux olympiques, il y a direct des critiques du type « Il fait trop de pub »… N'importe quoi ! Mbappé, c'est donc pour moi un symbole de la schizophrénie du peuple français et de son rapport pathologique à l'ambition. Et malheureusement, je pense qu'il devra faire face à une forme de défiance durant toute sa carrière. Bon après, il faut voir d'où elle vient, cette défiance : des réseaux sociaux ! Sur Twitter, si tu ne vomis pas sur la gueule des mecs, t'es pas crédible. Je crois que j'accorde trop d'importance à ces gens-là – c'est peut-être la conséquence de ce qui m'est arrivé… Et on a beau me dire que la majorité silencieuse aime Mbappé, le problème, c'est justement qu'elle est silencieuse… La minorité qui s'exprime, soit elle lui en met dans la tronche, soit elle le porte au pinacle. Ce n'est jamais mesuré, toujours d'un extrême à l'autre. Il met la misère à une faible Argentine en Coupe du monde ? C'est un génie, notre Messi. Il marque trois buts contre Barcelone ? On veut lui donner le Ballon d'Or. Il rate son tir au but en huitième de finale de l'Euro contre la Suisse ? C'est une merde qui a le melon. Il met le but de la victoire contre l'Espagne en finale de Ligue des Nations ? On lui reproche d'être hors jeu ! Et donc d'être un tricheur. Mais ils veulent quoi ? Qu'il tire au-dessus ? Et ce n'est pas lui l'arbitre, si ? Et derrière, *L'Équipe* lui met 5. Moi qui ai longtemps noté les Bleus, en y mettant du cœur et de l'attention, ça m'a scotché. On n'a pas dû voir le même match. En première période, en effet, il n'a pas eu le ballon… comme le reste de l'équipe de France ! Mais au fil du match, comme en demi contre l'Italie, sa puissance a fait exploser les défenseurs. Il commence à 90 %, les défenseurs sont à 100 %, ils le tiennent. Mais à force de les harceler, de leur imposer des courses, ils lâchent. Et qui m'a confié avoir eu la même analyse que moi ? Arsène Wenger ! Hum, pardon…

En plus de ses qualités techniques et athlétiques, Mbappé a une confiance en lui inébranlable. Il l'a encore montré en demi-finale contre la Belgique, en tirant ce penalty que lui offre Benzema avec beaucoup d'élégance. Mais c'est un drôle de « cadeau », quand même ! Mbappé restait sur un tir au but manqué contre la Suisse, là c'est le penalty pour revenir à 2-2, la pression maximale, et il le met avec une confiance insolente. Ça n'a beau être qu'un penalty, tu vois à ce moment-là que ce mec n'est pas fait comme les autres. De toute ma carrière, le seul mec que j'ai croisé avec une telle confiance en lui, c'est Youri Djorkaeff. Beaucoup disaient qu'il avait le melon, lui aussi. Je répondais toujours : « Évidemment ! Il est tout petit, il a une cage thoracique de hamster, c'est son ego qui lui permet de tenir face aux autres ! C'est ce qui le "tient" ! » Mbappé, c'est pareil. Son ego, surdimensionné certainement, fait partie de ses qualités.

Dans tous les cas de figure, qu'il joue bien ou mal, tout est exagéré. Et quand les gens disent : « Il n'a qu'à aller en Espagne, il verra comment se comporte la presse ! », je ne suis pas certain qu'elle se comportera aussi mal avec lui que ce qu'il vit en France. On parle de lui 24h/24 et quoi qu'il fasse, il a tort. Je trouve ça à la fois très injuste et très pénible.

Est-ce qu'on peut quand même se rappeler de qui on parle ? L'année dernière, on a longtemps dit qu'il faisait une saison de merde, ce qui était vrai, à un moment. Sauf que c'est le genre de mec dont tu te dis que même s'il est nul, il faut qu'il reste sur le terrain jusqu'au bout parce que sur un ballon, il peut te faire gagner le match. Contre Lyon, en septembre, il n'a pas été bon. Parce que je pense qu'il avait mal au pied. Mais à la dernière minute, c'est lui qui fait le centre décisif à Icardi. Et Paris gagne. C'est ça, les grands joueurs. Quand j'entends certains dire qu'il n'en est pas un et que son seul truc, c'est de courir vite, c'est évidemment un mensonge. Il n'y a qu'à voir contre qui il a marqué en Ligue des Champions en quatre ans… C'est faramineux. On en connaît beaucoup des joueurs français qui ont mis trois buts à Barcelone et deux buts au Bayern Munich ? Et l'an dernier, Mbappé finit quand même avec 42 buts et 11 passes décisives en 47 matchs ! Avec lui, on banalise l'exceptionnel. Et si les seules références qu'on trouve pour juger ses performances, ce sont Messi et Ronaldo, ça va ! On est déjà à un bon *level*, non ? Moi, je voudrais déjà qu'on le compare à Thierry Henry, ça serait un bon début. On fait souvent le rapprochement entre les deux, d'ailleurs. Comme Titi à sa grande époque, on reproche fréquemment à Mbappé d'être distant et hautain dans sa communication. Alors soyons clair, Thierry Henry EST hautain. Je l'adore, c'est un ami. Mais il EST hautain ! Ça vient du contexte familial, de la manière dont son père l'a traité quand il était jeune : il en a fait un éternel insatisfait et lui a forgé ce caractère de champion, cette volonté d'être toujours le meilleur.

Si Mbappé a vécu une saison 2020-2021 compliquée, c'est parce qu'il a été l'une des principales victimes de la saison précédente. Comme tous les joueurs du PSG, il n'a pas eu de vacances, et sa préparation physique a été bâclée. Les « génies » de la LFP, rappelons-le, avaient prévu un Lens-PSG quatre jours après la finale de la Ligue des

Champions, ce qui n'a pas de sens. Et il ne faut pas oublier qu'il a joué le Final 8 d'août 2020 en étant blessé – rappelons-nous du tacle de Loïc Perrin en finale de la Coupe de France quelques jours avant. Quand j'ai vu la cheville en angle droit, je me suis dit : « C'est mort, il ne fera pas la phase finale. » Mais il l'a jouée ! En étant décisif après son entrée contre l'Atalanta Bergame, en étant correct contre Leipzig en demi-finale. Ensuite, la douleur ajoutée à la fatigue de ces deux matchs très rapprochés et venant après une période de travail intense pour pouvoir revenir, sans compter qu'il jouait à mon avis sous infiltration, ont fait que quand il a cette grosse occasion de but face à Manuel Neuer, il n'arrive pas à bien frapper le ballon. Donc à l'été 2020, en peu de temps, il se blesse, il fait une grosse préparation physique et médicale pour être apte à jouer deux matchs et demi avec la douleur, il n'a pas de préparation estivale, il chope le Covid, et il enchaîne avec une petite blessure musculaire... Avec tout ça, tu rames ! Parce que dans ces cas-là, tu as besoin de temps pour revenir ; or là, tu n'en as pas. À l'époque, je faisais partie de ceux qui pensaient qu'il fallait le mettre quinze jours de côté, qu'il fasse un break, pour qu'il se retape : une semaine de repos, suivie d'une semaine de préparation. Ce n'est pas le choix qui a été fait par Thomas Tuchel. Et derrière, les critiques pleuvent...

À l'automne et à l'hiver 2020, il fait une phase de poule de Ligue des Champions médiocre. Mais tout en étant médiocre, il fait quand même deux passes décisives à Kean contre Istanbul Basaksehir, en Turquie. Au retour, il leur met deux buts : un penalty que lui offre Neymar et un autre face au but vide. C'est dans ces moments-là qu'on voit quand même une des grosses qualités de Mbappé : même quand il n'est pas bon, il arrive toujours ou presque à être décisif. Lui, même « mal », il ne se cache pas. Et puis arrive ce match à Barcelone, en huitième de finale, contre qui Paris est favori parce que les Espagnols ne sont pas bien. Au Camp Nou, ils sont catastrophiques, Piqué ne joue même pas sur une jambe mais sur un orteil. Mbappé met ces trois buts magnifiques. Et là, du jour au lendemain, le soi-disant mec qui ne progresse plus et qui a le melon redevient Mbappé superstar, le prochain Ballon d'Or, etc. Les réactions sont excessives, comme toujours. Il marque sur penalty au retour, et en quart contre le Bayern Munich, sous la neige, il met deux buts. Et rebelote, on veut Mbappé Ballon d'Or. Il finit bien la saison : meilleur buteur de Ligue 1 pour la troisième année consécutive. Et ça, il le serait dans n'importe quelle équipe, car il y en a beaucoup où il fait le boulot tout seul. Souvenez-vous, deux ans auparavant, le PSG le met avant-centre au moment où Neymar a le métatarse en vrac et où Edinson Cavani est blessé à la hanche. Il met but sur but et porte le PSG. Donc ça aussi, ça tord le cou à la théorie selon laquelle il ne peut pas jouer avant-centre. Pour moi, c'est une évidence, il finira à ce poste !

Arrivent cet Euro et cette attaque survendue dans les médias et l'opinion publique, « à la française », comme d'habitude. Contre l'Allemagne, il fait un grand match. Il pousse Mats Hummels à marquer contre son camp, met un but exceptionnel refusé pour hors-jeu, donne une passe décisive à Karim Benzema, pour un but refusé pour hors-jeu lui aussi. Il est très très bon. Il l'est moins derrière contre la Hongrie, le Portugal et la Suisse. Enfin moins bon, façon de parler, tout est relatif : il fait quand même une passe décisive à Griezmann contre la Hongrie, il provoque un penalty contre le Portugal. Même en étant moins bien, ça se confirme : il est toujours dans les parages. Contre la Suisse, en revanche, il n'est pas bon du tout, vraiment. Et quand il s'avance pour son tir au but, je sais qu'il va le louper. C'était sûr. Parce que la série des grands joueurs qui ratent leur tir au but (Platini, Baggio, etc.), c'est vieux comme tes robes ! Après, c'est l'hallali, les insultes racistes... On s'est beaucoup outré en France des insultes racistes à l'égard des trois Anglais qui ont manqué leur tir au but en finale de l'Euro contre l'Italie. Très bien ! Mais je n'ai pas beaucoup entendu de réactions ni de soutiens vis-à-vis de Mbappé. Et quelque temps plus tard, quand il va voir Noël Le Graët pour demander pourquoi il n'a pas bénéficié d'autant de soutien, on lui tombe dessus ! Encore une fois ! Or je pense que sa démarche, c'était un aveu de souffrance. Et que quelque part, il n'a pas tort. Quand on voit comment Le Graët a soutenu Didier Deschamps, Corinne Diacre et Sylvain Ripoll, il aurait pu avoir un mot pour Mbappé !

Ce que j'observe, globalement, concernant Mbappé en équipe de France, et je l'ai dit il y a déjà trois ans au *Canal Football Club* après un match en Bulgarie, c'est qu'Antoine Griezmann ne joue pas avec lui ! Faut pas chercher plus loin, il est là le problème. Il n'y a aucune connexion Griezmann-Mbappé. Aucune ! Quand, même devant la télé, tu constates qu'un joueur fait des appels et ne reçoit pas le ballon, ça laisse imaginer que c'est pire en vrai, et ce qu'il se passe en réalité sur le terrain (ou plutôt ce qu'il ne se passe pas, en l'occurrence). Ça s'est encore vu le 1er septembre, avant qu'il ne se blesse, contre la Bosnie : il fait des dizaines d'appels et le ballon ne lui arrive pas. On s'est beaucoup paluché sur la connexion Griezmann-Benzema juste après, suite au match contre la Finlande (2-0), que Mbappé n'a pas joué. Mais est-ce qu'on a déjà entendu parler, ne serait-ce qu'une fois, dans un match des Bleus, de la connexion Mbappé-Griezmann ? Réponse : jamais.

Je pense qu'entre Griezmann et Mbappé, il y a une incompatibilité humaine et technique. Certains peuvent penser à la fameuse non-connexion Zidane-Henry. Entre eux, je vous le dis, c'était un problème purement technique. Un jour, Titi me l'a très bien expliqué : « Je faisais des appels de l'axe vers la gauche et Zizou allait de la gauche vers l'axe. » Et comme Zidane ne jouait pas en une touche comme pouvait le faire Dennis Bergkamp avec Henry à Arsenal, il arrivait un moment où ils se trouvaient trop près pour combiner. Mais il n'y a jamais eu de problème humain entre les deux.

Là, je pense qu'il y a autre chose. Je ne sais pas, hein… Mais Griezmann, à l'Euro 2016, c'est le roi de l'équipe de France. C'est la star. Ensuite, le gamin déboule, et il rase tout sur son passage. Je pense que Griezmann l'a très mal vécu. Et sur le terrain, il y a aussi le positionnement de Griezmann en équipe de France qui est gênant : il se perd dans le conglomérat du milieu, on le voit beaucoup défendre, beaucoup récupérer le ballon – t'as envie de lui dire : « Putain, y en a déjà trois qui sont supposés faire le boulot, ça va, c'est bon ! » Et donc selon moi, c'est Griezmann qui est responsable de cette non-connexion, parce que c'est lui le dépositaire du jeu et que Mbappé est en bout de ligne… L'autre élément à prendre en compte pour Mbappé désormais avec les Bleus, c'est la présence de Benzema. Je pense que Mbappé se dit : « Ah, enfin quelqu'un qui joue et combine avec moi ! » Ce que Griezmann ne fait pas. Et à mon avis, Mbappé veut faire briller Benzema, ce qui est une erreur de jeunesse de sa part. Au final, je trouve incroyable que Didier Deschamps ait un joueur aussi fort, en lequel il a, en plus, une confiance absolue, et ne mette pas l'équipe de France à son service. Là, c'est l'inverse, c'est Kylian Mbappé qui doit être au service de l'équipe de France.

La dernière « affaire Mbappé » en date, c'est évidemment son avenir au PSG et ce fameux transfert au Real Madrid qui ne s'est pas fait. Mbappé décide de ne pas prolonger au PSG. Bon, bah c'est son droit ! Je suis extrêmement étonné que les Parisiens soient outrés qu'il veuille aller au bout de son contrat quand dans le même temps, ils ont recruté trois joueurs libres. Ce que tu fais d'un côté, ne te plains pas que cela t'arrive de l'autre ! Alors oui, on sait que dans le foot, un jeune joueur d'une telle valeur à qui on verse un salaire énorme ne doit pas faire en sorte de partir pour *peanuts*. Mais ce n'est pas parce que c'est ce milieu qui veut ça que c'est bien, et que c'est logique ! Le mec a le droit d'aller au bout de son contrat ! Et s'il avait voulu, il aurait pu faire un cirque pour partir avant !

Dans tout ce brouhaha médiatico-sportif, Kylian Mbappé… se tait ! Et encore une fois, le fait de ne pas communiquer, de se taire, est analysé comme une forme de mépris, un manque de respect. À titre personnel, je ne comprends pas qu'il veuille quitter le PSG pour aller au Real Madrid, qui est une équipe en fin de cycle. Benzema est l'arbre qui cache la forêt. Mais il a 34 ans Benzema, à un moment donné ça va se voir et va falloir arrêter la plaisanterie ! Kroos, Modric, Casemiro… Ce ne sont pas les perdreaux de l'année ! Par ailleurs, je ne suis même pas sûr que le Real les avait, les 180 millions. Ils ont fait un cirque au PSG, pour déstabiliser le club, surtout en se positionnant pour la première fois une semaine avant la fin du mercato. Comme Leonardo l'a très bien dit, c'est vraiment prendre le PSG pour des cons ! En gros, c'est : « On va vous piquer votre meilleur joueur et vous n'aurez même pas la possibilité de vous retourner. » Ils auraient fait leur propal' un mois avant, le PSG se serait mis sur Haaland ou Kane. Or là c'est : « On vous donne 180 patates mais on vous nique ! » Mais les avaient-ils vraiment, ces 180 patates ? Est-ce qu'on en est sûr de ça ? Je pense que ça a été une vraie tentative de déstabilisation du PSG. Et Paris n'a pas cédé. Parce que les Qataris n'en ont rien à foutre que Mbappé parte pour zéro euro ! Ce qu'ils veulent, c'est l'avoir avec Messi et Neymar pour se donner la chance de remporter la Ligue des Champions six mois avant la Coupe du monde chez eux. Et ils estiment qu'ils ont plus de chances de la gagner avec Mbappé que sans lui. Et c'est vrai. La preuve : le match contre Bruges. Il sort blessé à la 50e minute. Derrière, extinction des feux. Parce que c'est le seul joueur qui va dans la profondeur. Messi joue trop décroché je trouve, et en l'absence de Marco Verratti, Neymar est obligé d'aller chercher le ballon à 70 mètres du but. Au début de saison, contre Strasbourg ou Clermont, sans lui, Paris ne gagne pas. C'est donc LE joueur fondamental du PSG. Et je constate qu'il ne traîne pas les pieds. Quand il marque un but, il est toujours aussi content.

Dans les mois qui viennent, je ne peux pas croire que les joueurs ne vont pas faire de lobbying pour qu'il reste. Et qu'on ne me dise pas que sa prolongation, c'est une affaire d'argent, sinon ça ferait bien longtemps qu'il aurait re-signé. Je ne suis pas du tout sûr qu'il toucherait à Madrid le salaire qu'il peut avoir au PSG. S'il ne prolonge pas, c'est parce que son rêve d'enfant est de jouer au Real : ça se respecte, non ? Je pensais quand même que le départ de Zidane mettrait un coup à ses envies. Ce qui serait drôle, à la limite, ce serait que le PSG prenne Zidane comme entraîneur, pour voir comment il réagirait. En tout cas, d'ici fin juin, il peut encore se passer beaucoup de choses, et ce n'est pas non plus certain qu'il parte !

NEYMAR

Le dernier des gingas

En préambule, je vais vous le dire direct : je suis amoureux de Neymar. Il fait partie de ces joueurs pour lesquels on est prêt à payer son billet. Neymar, il y a toujours un truc qu'il fait dans un match qui me fait rêver. Je revois Ronaldinho en lui. Quand il est arrivé au PSG, je n'y croyais pas une seconde qu'il allait venir. Je pensais vraiment que ça ne l'intéresserait pas. Je l'ai rencontré une fois, et je peux vous dire que c'est un vrai mec gentil. C'était au lancement de son parfum à Paris. J'ai été accueilli à bras ouverts par son père – je ne savais même pas qu'il me connaissait. Je suis arrivé dans le carré VIP, on a fait des photos. Aujourd'hui, on échange un peu sur Instagram. Il me répond quand je le sollicite. Déjà, que le mec voie mes messages parmi les 162 millions d'abonnés qu'il a, ça me bluffe, alors qu'il me réponde... Il était tombé dans mes bras à ma grande gêne quand il était revenu contre Strasbourg, alors que le public le sifflait. Il marque le but de la victoire d'un ciseau retourné en fin de match. On s'était donné l'accolade dans le vestiaire. J'étais un peu emmerdé parce qu'il avait marqué contre mon club de cœur…

S'il était extraordinaire à Barcelone, c'est vrai que depuis qu'il est au PSG, globalement, on peut être déçu. Rappelons pour sa défense qu'il s'est cassé deux fois le métatarse : une fois tout seul contre Marseille, une autre fois contre Strasbourg en Coupe de France suite à trois fautes non sifflées qui ont fait qu'il a fini par se tordre la cheville et se péter à nouveau le métatarse. Cela avait d'ailleurs provoqué la sortie aberrante de Thierry Laurey, qui avait eu le culot de dire que le Brésilien n'avait pas pris tant de coups que ça et que si tel était le cas, il cherchait un peu parce qu'il passait son temps à narguer et chambrer, soi-disant. Cela avait consommé ma fâcherie avec l'entraîneur strasbourgeois de l'époque. Quand tu sais que le joueur est parti à l'hôpital, tu t'abstiens de faire des commentaires de ce genre.

Ce qu'on oublie de dire avec Neymar, c'est que sans lui, le PSG est sorti deux fois en huitième de finale de Ligue des Champions alors qu'avec lui, l'équipe est allée jusqu'en finale et en demi-finale. Ça, c'est factuel. Et puis il a fait des matchs époustouflants : contre Liverpool au Parc, contre le Bayern au Parc également, où je rappelle quand même qu'il tape trois fois les montants de Neuer, ou encore à Munich en 2021 – la passe qu'il fait sur le but de Marquinhos ce soir-là est extraordinaire. Et pourtant, on est toujours sur son dos.

Moi, je n'ai pas été surpris qu'il veuille partir à un moment donné, avec tout ce qu'on lui reproche, notamment au prétexte qu'il coûte cher. Il n'y a pas plus débile comme argument. Il faut bien comprendre ce que des joueurs comme lui rapportent au club, c'est incroyable. Messi, Neymar, Mbappé, ce n'est pas si cher que ça vu tout ce que ça rapporte en ventes de maillots, en billetterie ou en sponsors. C'est démesuré. C'est sûr que quand tu prends Diallo, Draxler ou Kehrer, au niveau sponsors ça ne te rapporte rien et ça te coûte des salaires. Ce sont eux qui coûtent cher au PSG, pas les stars, car elles rapportent de l'argent.

On parle aussi très souvent de son hygiène de vie, comme quoi il passe sa vie en boîte de nuit. Je ne suis pas un intime mais j'ai quand même dans l'idée que si Neymar passait ses soirées en discothèque, on verrait régulièrement des photos ou des vidéos de lui sur les réseaux sociaux. Pour reprendre la comparaison avec Ronaldinho, niveau soirées, c'était autre chose ! Le type était un fêtard invétéré. J'ai fait quelques soirées avec lui au Milliardaire, c'était quelque chose... Quand tu le voyais arriver dans la boîte, tu savais que tu allais passer une bonne soirée. Faut savoir que Ronnie était quasiment atteint de priapisme, s'il ne défouraillait pas deux fois par jour, il se sentait mal... Alors si Ney, qui est autrement plus sérieux que l'était Ronnie, communique via Instagram sur son hygiène de vie, qu'il poste des plats diététiques, s'affiche dans des caissons de récupération, etc., il est clair que ce n'est pas non plus un génie du sommeil. Sa tête est au Brésil, il est branché sur des trucs brésiliens à des heures où il devrait faire dodo. Cela dit, il y a un truc qu'a dit Daniel Riolo qui est juste – quand il est juste il peut dire des trucs intéressants –, c'est que son corps a changé. Quand on voit le Zébulon que c'était à Barcelone et ce qu'il est aujourd'hui, comme en témoigne la photo de lui avec Messi et Mbappé après le match contre City en septembre dernier, il a clairement pris du muscle. Ce n'est pas une marmule non plus, mais il est beaucoup plus costaud qu'au Barça. Et puis il a 29 ans. C'est quand même normal d'aller moins vite à 29 ans qu'à 22. Au Barça, il était dans un cadre très précis. Le problème du PSG, c'est que quand Verratti n'est pas là, ce ne sont pas des ballons qu'il reçoit, Neymar, ce sont des briques. Quand on voit qu'après le match à Bruges, en septembre, on est tombé à bras raccourcis sur les trois de devant... Mais est-ce qu'on a vu la prestation des milieux?

À part Herrera, c'était une catastrophe. Danilo est rentré à la mi-temps, j'ai cru que j'allais casser ma télé. Du coup, on a vu Neymar aller à 80 mètres du but adverse pour remonter le ballon. Il ne devrait pas être là. Sauf que ça, la plupart des gens ne le voient pas. Ils voient les stats, les stats, les stats... Eh bien parlons-en, des stats ! Pour les amoureux des chiffres, qu'ils voient quand même que Ney va bientôt battre le record de Pelé. Alors ce n'est pas le même football, on est bien d'accord, il y avait moins de matchs du temps de Pelé. Les matchs où Pelé mettait deux, trois, quatre buts, ça arrivait souvent. Aujourd'hui, c'est plus compliqué. Et puis Neymar est assez esseulé en Seleçao.

Un truc qui me rend vraiment fou, c'est quand on l'accuse d'être un tricheur. Évidemment qu'il triche, c'est un attaquant ! Neymar est par terre ? « Oh bah voilà, il chiale encore ! » Est-ce que les gens voient les tampons qu'il prend ? Et si Neymar rate un dribble, un tir ou une passe, il est nul, ou il en fait trop, trop perso, trop ceci, trop cela. Mais en vérité, on ne doit pas attendre de Neymar qu'il soit lisse, régulier ! Il ne le sera jamais. Ce n'est pas le genre de joueur à l'être. Son style de jeu implique l'irrégularité, la provocation. Parce qu'il est le dernier des gingas ! Pour les plus jeunes, le ginga est un style de dribble brésilien qui vient de la capoeira et qui est basé sur la provocation. À la Coupe du monde 58, on voulait obliger le Brésil à jouer à l'européenne, et c'est au cours du tournoi que Pelé et Garrincha ont repris la main en imposant le ginga. Neymar en est l'incarnation moderne. Je me souviens d'un match avec Barcelone, contre l'Atletico de Madrid, où les Colchoneros le matraquaient : il y retournait à chaque fois. Il a ça dans le sang, c'est son style. C'est ça qu'il aime. Mais il n'y a plus de place pour ça dans le foot moderne. Je rappelle quand même qu'en février 2020, Jérôme Brisard, l'arbitre bien « compétent », a mis un jaune à Neymar contre Montpellier, au Parc des Princes, parce qu'il dribblait trop. Il est allé dire à Neymar qu'il fallait qu'il arrête de provoquer ses adversaires. Évidemment Neymar, interloqué, l'a envoyé chier, et Brisard lui a collé un jaune. Il ne faut plus provoquer, il ne faut plus dribbler. « On joue à trois touches, les gars ! » Est-ce qu'il y a encore de la place pour un Neymar dans le foot d'aujourd'hui ? Maintenant, t'as les mecs qui vont vite style Mbappé, les mecs qui sont puissants et rapides comme Haaland, et voilà. Celui qui essaie de dribbler deux mecs dans une cabine téléphonique, ça n'existe plus. Ça fait chier les puristes, en plus. Quand des spécialistes du foot, docteurs ès efficacité, me disent que Neymar dribble trop, j'ai envie de leur dire : « Mais vous n'aimez pas le foot en fait ? » Moi, j'aime quand Neymar met les mecs sur le cul. Après, il faut aussi que ce soit synonyme d'efficacité, que le dribble permette d'éliminer l'adversaire. Mais encore une fois, si les gens paient un billet pour aller au stade, c'est pour voir jouer un joueur aussi fantasque que Neymar, plutôt qu'un Paredes.

Il n'empêche, c'est vrai, qu'il a un service minimum à assurer. Or cette année, on a un Neymar très médiocre, ce qui est assez étonnant parce qu'il a été très bon en Copa América. Peut-être parce que là, il était sur le bon créneau horaire, allez savoir. C'est vrai qu'il a pris du poids après, qu'il a perdu pendant la préparation, même si ce n'est pas bon de faire le yoyo, que ça use l'organisme. Mais le mec, après une compét' où il a fait tous les sacrifices, il a quand même le droit de profiter pendant quinze jours, non ? Ce ne sont pas des moines non plus !

Ce qui me chagrine le plus, c'est qu'il a perdu confiance devant le but. Il aurait dû marquer un ou deux buts contre Lyon. À Rennes, il manque une reprise du gauche qui part dans les travées... Mais ça, ça revient. Je suis persuadé qu'il va revenir en forme. Il va faire quelques très bons matchs. Il ne faut juste pas qu'il se blesse.

Et ça serait pas mal qu'il refasse du Neymar ! Depuis le début de la saison, j'ai tendance à penser qu'il en fait trop dans des secteurs de jeu où il n'a rien à faire. Il décroche trop, il défend trop, il se replace trop... Or, qu'est-ce qu'on attend de lui ? Ne soyons pas faux-cul ! Qu'il dribble, qu'il élimine, qu'il fasse des passes décisives, qu'il marque des buts. Que Neymar aille aider son latéral gauche et faire des tacles, tout le monde s'en fout. Je n'ai jamais compris ce reproche qu'on fait aux attaquants qui ne défendent pas. Il y a tellement de défenseurs qui n'attaquent jamais ! Mais eux, on ne leur reproche jamais rien. Thuram, il a franchi deux fois la ligne médiane dans sa vie, c'était les deux fois contre la Croatie, bon, il a mis deux buts, super ! Ça prouve qu'il aurait pu le faire plus souvent, d'ailleurs. Je vais sûrement faire se dresser les ayatollahs du football total, mais si t'as Messi, Neymar, Mbappé qui ne défendent pas, il t'en reste encore sept qui sont là pour ça derrière. Ça suffit quand même, non ? On ne va pas me faire croire que si ces trois-là ne défendent pas, l'équipe va rester peinarde en se disant « On laisse les trois devant faire ce qu'ils veulent, et si on perd le ballon, ben on n'aura qu'à faire le signe de croix ».

Est-ce que c'est l'intégration de Messi qui fait que Neymar n'est plus le même ? À Rennes, c'était patent. Les trois de devant se faisaient des mamours à n'en plus finir. « Allez, marque ! Nan vas-y, à toi, je t'en prie. » Euh, d'accord, mais il faut quand même qu'il y en ait un qui marque, les gars ! Qu'ils se décident !

Ils sont peut-être victimes des campagnes médiatiques incessantes sur le PSG qui font que « ah bah ça ne marchera jamais, une accumulation de stars c'est voué à l'échec ». Si l'un prend l'initiative et qu'il rate, on va entendre dire qu'il est égoïste et qu'il a oublié les deux autres... Ce qu'on a eu à Rennes, c'est l'inverse par l'absurde. À l'arrivée, personne ne prend ses responsabilités.

Aujourd'hui, quelle est la place de Neymar sur l'échiquier mondial ? Est-ce qu'il aurait pu faire mieux ? Évidemment. Je pense qu'il a l'envie de faire mieux, qu'il a quand même ce truc de champion. Mais je pense qu'il ne sait pas faire les sacrifices qu'il faut. Il y a un problème à ce niveau. Et il est un peu vieux pour être chaperonné. Mais s'il se reprend mentalement et qu'il redevient lui-même, on reverra le très grand Neymar un jour, c'est sûr !

THOMAS TUCHEL

Un entraîneur métamorphosé

Thomas Tuchel arrive au PSG à l'été 2018, en remplacement d'Unai Emery, qui m'a saoulé comme rarement un entraîneur l'a fait – et tout de suite, dès qu'il a débarqué ! Comme il succédait à mon pote Laurent Blanc, vu que je suis un enfant et qu'il a pris la place de mon copain, il s'est dit que forcément, je n'allais pas l'aimer – ça en dit long sur les qualités que certains me prêtent. Un mois après l'arrivée d'Emery, Thiago Motta, qui est pourtant loin d'être un tailleur d'entraîneur, me confie : « Lui, il veut nous apprendre le football. Le gars a arrêté l'entraînement pour m'expliquer comment il fallait faire une passe. » Selon moi, Emery, c'est un pilote de karting à qui il ne faut pas demander de piloter une F1, pour reprendre une métaphore désormais bien connue. Alors on me dit : « Il a gagné trois Europa League avec Séville et une avec Villareal, donc il n'est pas si bidon. » Super. Mais ce n'est pas la Ligue des Champions. Sans doute qu'il l'aurait aussi gagnée avec le PSG, mais ce n'est pas arrivé, et ce n'était de toute façon pas ce qu'on lui demandait !

Emery a fait des trucs improbables tactiquement. À Madrid, en huitième de finale aller de la Ligue des Champions 2017-2018, alors qu'il a le match en main, il nous sort la fameuse doublette Daniel Alves-Thomas Meunier, l'invention du démon. Et il colle Lo Celso milieu défensif ! Le gamin a pris un bouillon, le pauvre. Et puis il restera pour toujours l'entraîneur de la remontada. Alors il paraît que ce n'est pas de sa faute, que ce sont les joueurs qui ne l'ont pas écouté. Mais si les joueurs ne l'ont pas écouté, c'est qu'il y avait un problème quelque part et qu'il n'avait rien à foutre là. Donc il prend la lourde et il atterrit brillamment à Arsenal, où il dit arriver sur un champ de ruines, ce qu'Arsène Wenger a beaucoup apprécié... Au final, il n'a rien foutu non plus là-bas et il est retourné en Espagne pour entraîner un club moyen-plus, ce qui est sa place, capable de briller en Europa League, dont la plupart des gros clubs n'ont absolument rien à foutre.

Tuchel prend donc sa place et tout de suite, je me dis que c'est un peu le Emery version *Deutsche Qualität*. Il est Allemand, il est strict, il va remettre de l'ordre. En fait non, il fait des bisous à tout le monde. C'est ce qu'on a appelé la calinothérapie, qui a superbement bien fonctionné puisque je rappelle que les quatorze premiers matchs de Tuchel sur le banc du PSG en championnat, c'est quatorze victoires. On le voit faire des bisous à Neymar, à Mbappé, et ça fonctionne. Tout se passe bien jusqu'à la blessure de Neymar qui se pète le métatarse contre Strasbourg en Coupe de France – Tuchel se cassera le pied lui aussi d'ailleurs, à croire qu'il veut tout faire comme le Brésilien. Paris gagne à Manchester en faisant un très bon match, en étant très sérieux face à une équipe très médiocre. Et au retour, c'est une équipe de Man U décimée qui se présente. Ça sent la formalité, Paris ayant gagné 2-0 à l'aller. Le scénario est trop beau et rien ne se goupille bien. Déjà, il y a Alphonse Areola qui, coincé dans les embouteillages, arrive en retard au Parc. Du coup, Tuchel fait jouer Buffon, qui a la grippe. C'est quand même invraisemblable ! Si le PSG avait été au vert la veille, ça ne serait pas arrivé. C'est incompréhensible, ça envoie un très mauvais signal aux joueurs, en mode « c'est bon les gars, c'est dans la poche ». Paris est mené 2-1 mais contrôle le match, jusqu'à ce tir de Diogo Dalot qui logiquement doit partir décrocher la pendule du Parc mais est détourné de la main par Kimpembe alors qu'il tourne le dos au tireur. Un penalty qui ne serait jamais accordé aujourd'hui avec les nouvelles règles sur les ballons touchés de la main. Cette élimination, c'est un coup d'arrêt terrible pour le PSG et pour Tuchel. À la déception s'ajoute une cascade de blessures. Paris joue un match à Lille où il en prend cinq en commençant le match avec huit joueurs absents, sans parler de Thiago Silva qui se blesse et Bernat qui est expulsé. Ils vont ensuite perdre à Nantes, à Reims, ce n'est plus le PSG. Et déjà tu sens qu'il y a de la friture sur la ligne avec Leonardo... Paris va ensuite perdre à Montpellier, un match que je commente. À la fin du match, je fais l'interview de Tuchel. Paris venait aussi de perdre la finale de la Coupe de France contre Rennes et c'est moi qui lui apprends – ce qui en dit long sur la communication au sein du club à ce moment-là – que Neymar est convoqué par la commission de discipline pour avoir giflé un pauvre type qui insultait tout le monde en montant dans la tribune. Tuchel me répond : « C'est possible, ça ? » Je lui demande s'il est inquiet. Il me dit que oui. C'est une interview assez lunaire, mais le mec est très sympa. Je lui ai reparlé l'année d'après à Nice, en octobre 2019, après une victoire du PSG, et il était beaucoup moins avenant. Il était sur le reculoir complet. Mais Paris gagne le titre en 2020, dix journées avant la fin d'un championnat interrompu par le Covid. Et place au « Final 8 » de la Ligue des Champions. En quart de finale contre l'Atalanta, le PSG est mené, joue avec la trouille, n'est pas lui-même mais s'en sort grâce à l'entrée en jeu de Mbappé, qui change tout. Il y a ensuite cette victoire jugée presque trop facile en demi-finale contre Leipzig – en même temps, le PSG n'est pas responsable du tirage au sort. Et cette finale que le PSG perd en n'étant pas bon, sans que le Bayern ne fasse un gros match non plus.

Tuchel reste en place, parce que c'est difficile de virer un mec qui a été en finale de la Ligue des Champions. Mais on sait qu'avec Leonardo, ça ne va pas. Tuchel aimerait avoir plus le nez dans le recrutement. Mais son recrutement jusqu'à présent, c'est Diallo, Kehrer, ça ne fait pas rêver. Le mercato du PSG n'excite personne, du reste : Rafinha, Danilo Pereira... Tu sens que ça ne convient pas à Tuchel. Et là, il fait une grosse erreur, à mon avis : il montre son mécontentement en modifiant ses compos, mais au détriment de l'équipe, en mettant par exemple Danilo en défense et Marquinhos au milieu de terrain. Moi, j'ai un principe de base dans le foot : tu mets les meilleurs aux meilleurs postes. Marquinhos est capable de jouer au milieu, mais ce n'est pas un grand milieu de terrain, alors que c'est en revanche un très grand défenseur. Danilo, quant à lui, n'est ni un grand milieu de terrain ni un grand défenseur. Donc tant qu'à faire, autant le mettre au milieu. Tuchel fait ça pour prouver que le recrutement de Leonardo est bancal. Et puis il se plaint beaucoup, devient agressif en conférence de presse. À l'automne 2020, on sent que ça ne va pas aller loin, cette histoire. Et qu'il le souhaite ! Je ne sais pas s'il est déjà en contact avec Chelsea à ce moment-là, mais ça s'est fait tellement vite derrière son limogeage qu'il devait quand même déjà y avoir des touches. Je me souviens d'une interview accordée à un journal allemand, avant la trêve hivernale, dans laquelle il « allume ». Ce ne sont pas les propos d'un mec qui veut rester, mais plutôt ceux d'un coach qui est en train de se faire lourder. Ce qui arrive le jour de Noël – quelle élégance ! – et il s'en va donc très vite à Chelsea, qui n'est pas bon avec Lampard et ne fait pas rêver. Je garderai quand même un bon souvenir de ce mec-là et de son passage au PSG. Je le trouve plutôt rigolo. Dans ses conf' de presse, c'est autre chose que Pochettino, à qui on a envie de dire : « Si ça te fait chier d'être là, ne viens pas, hein. »

Depuis que Tuchel est à Londres, Chelsea ne fait toujours pas rêver, mais ils sont bons et ça gagne. On peut critiquer la pauvreté du jeu en Ligue 1, malheureusement le contre-exemple c'est que l'équipe qui a gagné la Ligue des Champions ne propose pas non plus un football flamboyant, mais plutôt cartésien, pragmatique. À son arrivée, Tuchel réussit des choses formidables : il sort Rüdiger du placard, où il était chaudement emmitouflé, redonne confiance à Thiago Silva, qui n'en a jamais assez. Et ce qui me bluffe, surtout, et c'est à mettre à son crédit, c'est qu'il est passé d'un football paillettes, bling-bling même si on veut, avec le PSG où c'était tout pour Neymar et Mbappé, à un football plus organisé, certes beaucoup plus défensif – mais il n'a pas les attaquants de la qualité de Neymar et Mbappé, c'est plus facile de faire du bling-bling avec ces joueurs-là qu'avec Havertz et Werner – mais efficace. Il a bien su s'adapter à la situation de Chelsea. La calinothérapie est venue plus tard, il n'a pas commencé par ça. J'ai trouvé qu'il était même un peu distant au début. Après évidemment, quand il gagne la Ligue des Champions, il fait des poutous à tout le monde, c'est normal. Mais il y a eu une métamorphose chez lui, preuve que le mec n'a pas un seul et unique credo et qu'il adapte son football à l'effectif dont il dispose et au contexte dans lequel il évolue. Ça, c'est vraiment bien.

Le cas Tuchel fait forcément entrer dans le débat sur les entraîneurs du PSG. On a l'impression que ça ne va jamais, qu'il y a une sorte de malédiction. Le portrait-robot des entraîneurs du PSG est toujours le même : un mec qui n'est pas dans le top du top, mais juste un cran en dessous. Il faudrait peut-être essayer un jour un coach qui soit vraiment dans le top. C'est à se demander s'ils n'ont pas peur de prendre un entraîneur à très forte personnalité. On entend régulièrement que la présence de Leonardo, qui n'a pas l'air intrusif mais qui l'est passivement, gêne le coach en place. Mais son rôle n'est pas simple, parce qu'au-dessus de lui il y a des dirigeants qui cherchent à faire du business – ça se respecte, hein, et puis surtout ça marche : l'entreprise PSG, c'est un triomphe, le club, c'est moins bien.

Alors, quel est le coach idéal pour Paris ? Impossible de revenir dans le passé, mais j'aurais été curieux de voir Laurent Blanc encore deux ou trois ans à la tête de cette équipe, voir s'il aurait progressé. Sans doute que oui. Parce que lui, même s'il n'avait pas une autorité naturelle, il avait du recul. Contrairement à ce qu'on disait à l'époque, Zlatan ne le méprisait pas du tout. Zlatan a toujours eu en mémoire le joueur qu'il avait été. Je trouve que Laurent Blanc a fait mieux avec le PSG que Emery, Tuchel ou Pochettino réunis. Le PSG avait une plus forte identité de jeu avec Lolo qu'avec les autres.

Le rêve absolu, pour moi, ce serait Guardiola, même s'il est passé à côté de la dernière finale de la Ligue des Champions. Là, par exemple, on a vu la différence entre Tuchel et lui. Tuchel reste dans ce qu'il sait faire. Il ne fait pas de dinguerie. Guardiola, lui, on sent qu'il a souvent la tentation de montrer qu'il est Guardiola, de prouver que lui, tactiquement, il ne va faire qu'une bouchée du mec en face. Et ça, ça lui fait faire des dingueries. C'est comme ça qu'il a raté cette finale dans les grandes largeurs, parce qu'il a totalement abandonné le milieu à Chelsea, qui a bouffé City.

Et sinon, Zidane. Je suis persuadé que c'est le rêve caché des Qataris. Parce que pour eux, c'est le Graal. Parce que c'est Zidane. Et parce qu'ils ont déjà son RIB.

JAVIER TEBAS, LE FC BARCELONE ET LA LIGA

Le foot espagnol à la dérive

Javier Tebas, le président de la Ligue espagnole, est un type « formidable ». J'ai l'impression qu'il parle plus du foot... français, et surtout du Paris Saint-Germain, que de son propre championnat. Il passe son temps à envoyer des lettres aux instances nationales et des missiles dans la presse alors qu'il ferait mieux de commencer par balayer devant sa porte. Quand on voit l'état de déliquescence sportive et financière dans lequel est le FC Barcelone, le deuxième plus grand club d'Espagne... Sachant que la santé financière du Real est un sujet que je qualifierais d'un petit peu nébuleux. Javier Tebas devrait surtout s'occuper de la décrépitude de son championnat qui a perdu Neymar, Ronaldo et Messi en quelques années. Et Zidane sur le banc, d'un certain point de vue.

Très franchement, je ne regarde quasiment jamais un match de Liga, à part les Clasico. Ça ne m'intéresse pas. Griezmann ne m'intéresse pas ! Surtout en ce moment... Je ne participe donc pas à la « hype hispanisante », qui exagère tout. Le jour où le Real met cinq ou six buts au 18e du championnat, il a droit à une pluie d'éloges. « Quel festival offensif du Real, c'est formidable, trois buts de Benzema, merveilleux, patati patata... » Quand le PSG met 4-0 à Clermont, ce qui équivaut exactement à la même chose, on dit : « Ouais, ok, mais ce n'est que Clermont. » J'ai un peu de mal à comprendre. C'est la même chose en Angleterre. Là-bas aussi, il y a des clubs en bois. Comme dans tous les championnats, du reste.

Alors c'est vrai qu'il y a toujours eu une volonté offensive un petit peu plus affirmée en Espagne, même si ça se discute depuis le début de cette saison. Mais quand on regarde de près, il n'y a plus de stars, et tous les stades en Espagne ne sont pas exceptionnels, loin de là. Beaucoup sont très vieillissants. Le Real, qui réalise de gros travaux à Bernabeu, fait avancer un peu les choses, parce que beaucoup de clubs vont être obligés d'y passer.

Le fait que l'Atletico de Madrid soit champion est un symbole des soucis du Real, même s'il était revenu dans la course au titre à un moment donné avant de tout gâcher en fin de saison, et de la déchéance du Barça. Le football très pragmatique de Simeone ne correspond pas vraiment à l'image de la Liga, de son foot très ouvert et de ses attaquants qui marquent beaucoup de buts. C'est un peu l'anti-Liga, avec des qualités qu'on ne connaît pas tellement dans les autres clubs, notamment la stabilité de l'entraîneur et de l'effectif. Si le Real n'a pas énormément renouvelé le sien depuis plusieurs années, au Barça, ça change tout le temps, ils font toujours des paris insensés. À l'Atletico, ce sont les mêmes joueurs, les mêmes qualités, le même schéma de jeu. Le tout avec un mec qu'on sent totalement Simeone-compatible, à savoir Luis Suarez. Quand j'ai vu que le Barça le laissait de côté, l'obligeait à s'entraîner à part, je me suis dit: «Mais quel manque de respect!» On dit toujours que dans le football, pas seulement espagnol, les joueurs sont des mercenaires, qu'ils n'ont plus le respect du maillot, etc. Mais il y a autant de clubs qui ont des comportements pourris que de joueurs qui ont des comportements égoïstes. La manière dont le Barça a traité Suarez, c'est une honte. Je ne le connais pas, mais je sais qu'il est parti extrêmement touché et très triste et que la saison qu'il a passée à l'Atletico l'a requinqué. On s'aperçoit que, finalement, c'est le genre de joueurs qui marquent des buts tant dans un schéma hyper offensif que dans un plan de jeu beaucoup plus défensif. C'est un joueur que je déteste personnellement, parce que c'est un violent, un tricheur, qu'il a une sale gueule, mais même si je ne l'aime pas, on ne peut que respecter tout ce qu'il a apporté au Barça. C'est tellement symptomatique de ce qui se passe dans ce club depuis des années, depuis le départ de Neymar. Comment le Barça peut-il se retrouver dans une telle déliquescence ? La masse salariale est grotesque. Et on sent qu'il y a une défiance. J'en veux pour preuve le transfert d'Ilaix Moriba, un jeune Guinéen de 18 ans très prometteur qui a refusé de prolonger pour aller au RB Leipzig. C'est une « pépite », comme on dit – je déteste ce terme –, mais il part. Et une fois en Allemagne, il crache sur Barcelone. Ça n'arrivait jamais, ça, avant. Un jeune de la Masia, il suivait les traces de Xavi ou Iniesta. Aujourd'hui, il préfère aller ailleurs, dans un bon club où il va jouer et progresser. Le Barça ne sort plus personne. Cela veut bien dire qu'il y a un délitement de la gouvernance, que le club n'est plus géré.

Si le Barça est dans cet état-là aujourd'hui, c'est en grande partie « à cause » du PSG. Les Qataris ont toujours l'air de ne pas y toucher avec leur petit sourire et leur air un peu soumis, toujours polis (comme j'ai dit un jour à Nasser al-Khelaïfi : « Vous avez le complexe de l'Arabe en France, vous regardez vos chaussures. Bon, c'est du croco hein, mais vous regardez quand même vos chaussures. »). Mais derrière, ce sont des « tueurs ». En 2017, le Barça a voulu voler Verratti : les dirigeants blaugranas l'ont poussé à mettre la pression au PSG, ce qu'il a fait d'ailleurs, sauf que les Qataris ont une telle solidité financière que quand ils disent « niet », c'est « niet ». On l'a encore vu avec Mbappé cet été.

Après le feuilleton Verratti, on a l'impression que le PSG s'est dit : « Vous avez voulu nous le piquer ? Ok, vous allez voir... La clause de Neymar, c'est 222 millions ? Eh bah les voilà ! Allez, mangez ! » Le départ de Neymar, selon moi, c'est le commencement de la fin pour le Barça. Parce que derrière, le club a dépensé 400 millions pour Coutinho, Dembélé et Griezmann, qui sont trois échecs. Sauf que le salaire des trois, ça fait plus que le seul salaire de Neymar, et c'est 180 millions d'euros dépensés de plus que ce qu'ils ont touché du transfert de Neymar. Avant le retour de Laporta à la présidence, en 2020, son prédécesseur Josep Maria Bartomeu a fait joyeusement n'importe quoi, comme en témoigne tout ce pognon dépensé n'importe comment. Sur le terrain, ces trois dernières saisons, c'est Messi qui tenait le club à bout de bras. Derrière, c'est le néant ou presque. Une fois n'est pas coutume, j'ai regardé un match du Barça en début de saison : c'est pauvre, il n'y a plus de jeu. Je ne sais pas quelle est la responsabilité de Ronald Koeman là-dedans, mais c'est fini le tiki-taka. Gerard Piqué, qui n'a jamais été Carl Lewis, est de plus en plus lent, il est vieillissant et se blesse trop souvent. Sergio Busquets, qui est un joueur formidable, et qui selon moi est le seul joueur qui aurait pu remplacer Thiago Motta au PSG, pioche sévèrement lui aussi (même s'il a été très bon avec l'Espagne en Ligue des Nations). Et puis il y a des joueurs plus jeunes qui sont l'ombre d'eux-mêmes au Barça. Un gars comme De Jong, qui était formidable à l'Ajax, là il est quelconque – comme tous les joueurs de l'épopée hollandaise de 2018-2019 en Ligue des Champions, d'ailleurs. Tous ceux qui sont partis, soit ils ne sont pas bons, soit ils ne jouent pas. Van de Beek, ça fait plus d'un an qu'il est à Manchester United, on ne le voit jamais.

Le point d'orgue de ce marasme, c'est le match contre le PSG, au Camp Nou, en huitième de finale aller de la Ligue des Champions 2020-2021. Une boucherie. Ils ont très bien rectifié le tir au retour, dans une réaction d'orgueil. Le PSG avait un peu le cul entre deux chaises sur ce match, ils ne savaient pas trop s'il fallait jouer ou gérer le résultat de l'aller. Sans Keylor Navas, les Barcelonais auraient pu avoir remis les compteurs à égalité à la mi-temps. Mais c'était trop tard.

Et donc aujourd'hui, plutôt que de se remettre en cause et de réfléchir à une stratégie pour redresser ses deux clubs phares, nous avons ce monsieur Tebas qui préfère jouer au Calimero et s'en prendre au PSG, pointant régulièrement du doigt ses comptes.

Mais est-ce qu'il les voit, ces comptes ? Il éructe sur la masse salariale. Comme beaucoup d'autres… C'est extraordinaire, tout le monde parle du salaire des joueurs du PSG (je suis persuadé qu'ils ne touchent pas tout en France au passage, mais c'est un autre débat) comme si c'était affiché au vu et au su de tout le monde… Le PSG a des moyens illimités, ok. Mais il a aussi le sens des affaires ! L'investissement sur Messi, par exemple, il est déjà quasiment remboursé. Quinze jours après son arrivée, le PSG signait avec Dior ! Et je ne parle pas des ventes de maillots, des renégociations à la hausse avec les sponsors et les partenaires, ni des nouveaux ou des prochains qui sont prêts à payer plus cher. Si le PSG n'est pas sportivement, pour l'instant, au niveau où beaucoup l'espèrent, d'un point de vue marketing, c'est quasiment le meilleur club du monde. Et ce, malgré un stade beaucoup plus petit que ses concurrents. Donc voilà, la jalousie de Tebas, elle est là ! Mais bon, le PSG lui répond mollement, et la LFP lui a envoyé une lettre – on ne va pas se plaindre, ça n'arrive pas si souvent. On n'a quand même jamais vu le président d'une ligue étrangère chier comme ça sur le championnat de France et son club numéro 1. On ne peut pas laisser passer ça. On devrait lui demander : « Mais c'est quoi ton projet pour le football espagnol ? » Je suis curieux de connaître sa réponse…

C'est triste, et c'est dommage, notamment pour Barcelone, un club pour lequel j'ai toujours eu une grande passion depuis Hans Krankl. Je ne sais pas pourquoi, mais j'adorais ce joueur : c'était un attaquant autrichien à moustache qui ne ressemblait à rien, petit, trapu. Il a joué avec Johan Neeskens durant sa dernière saison en Espagne. Ils avaient gagné la Coupe d'Europe des Vainqueurs de Coupe, en 1979. J'aimais aussi le maillot de cette époque – je ne comprends pas bien ce qu'ils en ont fait ces derniers temps, mais bon, c'est secondaire. Plus tard, évidemment, j'ai suivi ce club avec Ronaldinho, magique là-bas, et via mes amis Laurent Blanc et Thierry Henry. J'avais passé une soirée incroyable avec Laurent Blanc. Un jour de match de championnat obscur au Camp Nou, je devais faire une interview avec lui dans un hôtel. On y va, et on tombe sur Bobby Robson, l'entraîneur, qui y avait une chambre. On a parlé deux heures avec lui – et on n'a pas fait l'interview… Robson va se coucher et Blanc me dit : « Ah putain, j'ai un dîner avec l'équipe. » À 23h30 ?? « Ouais, c'est comme ça ici, tu sais… » Il me propose de l'accompagner et on se retrouve au sous-sol de l'hôtel, dans un restaurant, fermé au public évidemment, avec toute l'équipe du Barça. Tous les joueurs arrivent, avec Hristo Stoitchkov qui entonne la Marseillaise pour chambrer Laurent Blanc. On m'invite à m'asseoir et la seule place qu'il reste, c'est à côté de Ronaldo, « le vrai ». On ne s'est pas adressé la parole puisqu'il parlait portugais et moi français ou anglais. Alors on s'est contentés de sourires à la con... Mais c'est un super souvenir !

Plus tard, il y a eu l'année où ils ont tout gagné avec Titi Henry, qui expliquait qu'il jouait à gauche mais que quand le stoppeur adverse commençait à fatiguer, Samuel Eto'o lui disait : « Va dans l'axe, je vais à gauche me reposer. » Ils arrivaient à s'entendre comme ça. Busquets-Xavi-Iniesta au milieu, je ne sais pas si ce n'est pas plus fort que Messi-Henry-Eto'o. Un milieu de terrain comme ça, ça pue le foot, ça travaille, et ça donne le ballon dans des conditions exceptionnelles aux attaquants. C'était une équipe comme on n'en verra probablement plus jamais.

SUPER LEAGUE, COUPE DU MONDE TOUS LES DEUX ANS

La fin d'un foot que j'aime

La Super League ? Cette tentative de coup d'État de quelques grands clubs m'a beaucoup surpris, et c'est peu de le dire. Surtout Florentino Perez, qui donne des cours de respect à tout le monde mais qui n'en a pour personne. Il dit avoir besoin de recettes supplémentaires et, deux mois plus tard, prétend pouvoir sortir 180 millions pour Mbappé. À se demander pourquoi il a besoin de la Super League, du coup. À quel moment ce mec va arrêter de nous prendre pour des cons ? Le karma l'a puni au début de la Ligue des Champions avec le Sheriff Tiraspol qui est venu cogner le Real à Bernabeu. Ah mais c'est peut-être pour éviter ce genre de camouflet à son club qu'il est allé inventer la Super League ?

Plus sérieusement, ce qui m'a le plus étonné, c'est que les clubs anglais le suivent… Parce que le championnat, en Angleterre, c'est une religion.

La preuve avec Liverpool : le fait d'avoir enfin gagné la Premier League était une joie plus importante pour les fans que la victoire en C1. Ils s'en foutent à moitié, les Anglais, de la Ligue des Champions. Ce qui les intéresse le plus, c'est leur propre compétition. Donc une Premier League avec les équipes B de Manchester, Liverpool et consorts, qui enverraient leurs grosses armadas en Super League, ce n'est juste pas possible, c'est impensable.

La réaction de l'UEFA à cette annonce a été forte. Tout comme celle de Nasser al-Khelaïfi, qui l'a jouée très fine. En même temps, « bizarrement », au début, le PSG n'était pas invité. Ni le Bayern. Les Allemands pour des raisons philosophiques, le PSG pour des raisons tenant à leurs propriétaires. Nasser a donc eu beau jeu de se rallier à l'UEFA. Avec le Bayern et le PSG, deux des quatre derniers finalistes de la Ligue des Champions, qui n'en sont pas, ça met du plomb dans l'aile du projet.

En prenant du recul, cela pose pas mal de questions sur ce que devient le foot et l'amour que je lui porte. Soyons très terre à terre : j'aime le jeu et, effectivement, quelque part, avoir les meilleurs joueurs dans quelques clubs qui s'affrontent, ça fait saliver, ça donne envie. Or, si tu organises un championnat européen des clubs fermé, au bout de quatre journées, il y aura un premier et un dernier. Mais le dernier, il jouera pour quoi, du coup ? Il n'en aura rien à foutre puisqu'il sait qu'il sera là l'année suivante et ne risquera pas de descendre. Il balancera les autres matchs et donnera tout pour le championnat. Donc sportivement, pour moi, c'est bancal.

Ce format de compétition, sur invitation et qui est clairement une américanisation de notre sport favori, pose la question des championnats nationaux. Ça devient quoi ? Le tiers-monde ? Le PSG, ils auront toujours les moyens d'être champions de France et de jouer la Super League. Mais les autres ? Parce qu'il faudra voir ce que ça va donner au niveau des droits TV. Une chaîne qui investirait sur la Super League, pas sûre qu'elle investirait sur le championnat national, donc il y a des clubs qui mourraient. Un club comme Montpellier, qui n'est pas concerné par la nouvelle compétition, à terme, peut mourir de l'arrivée de la Super League, et des droits TV faramineux qui seront payés par une chaîne qui voudra diffuser les plus grands matchs, les plus grandes équipes, et à qui il ne restera plus rien pour le championnat national. Ce jour-là, ce sera la fin pour pas mal de clubs. Est-ce qu'un club comme Montpellier, par exemple, mérite de mourir ? Est-ce que l'héritage des Nicollin, qui ont tant investi dans leur club, mérite de disparaître ?

Bien sûr que non ! Et ce qui est vrai pour Montpellier l'est aussi pour de nombreux autres du même acabit.

Ce projet de Super League, c'est aussi un manque de respect aux prétendus « petits clubs » européens. J'en veux pour preuve ce match magnifique réalisé par Bruges contre le PSG en ouverture de la Ligue des Champions cette année. Avec du talent, de l'âme, de l'abnégation, de l'engagement, les « petits » peuvent créer des surprises. Et c'est ce qu'on aime, aussi. Ça fait partie du charme ancestral de cette compétition. Tout comme les bagarres pour y accéder. Avec une Super League, tout ça disparaîtrait... Première journée : PSG-Liverpool, Real-Tottenham, Bayern-Atletico, Dortmund-Barcelone, etc. Ce sont des matchs de huitième ou de quart de finale de Ligue des Champions, on ne les veut pas tout de suite et tout le temps. Ça n'a pas de sens. Je trouve que c'est même un projet triste auquel, je le crains, l'UEFA ne sache pas répondre à long terme. D'autant que l'UEFA elle-même galvaude l'esprit de la C1 avec la suppression de l'avantage du but à l'extérieur. Ça faisait « jouer » les équipes en déplacement. Une équipe qui perdait 3-0 à l'extérieur essayait quand même d'en coller un pour maintenir l'espoir et réduire l'écart pour le retour.

Et quel est l'intérêt d'avoir inventé cette Conference League ? Qu'est-ce qu'on en a à foutre ? Tu finis sixième du championnat de France, ce qui n'est pas non plus la perf du siècle, et tu te retrouves à jouer des matchs de Coupe d'Europe tous les trois jours comme une grande équipe, alors que tu n'en es pas une, que tu n'as pas l'effectif pour et que ça te plombe en championnat. Comme il n'y a pas de constance en haut de tableau dans notre Ligue 1, à part Paris, c'est normal que l'on n'ait pas de résultats. Pour performer à l'échelle européenne, il faut participer régulièrement aux compétitions. Or ce n'est pas le cas chez nous. Un coup c'est Lille, un coup c'est Monaco, un coup c'est Lyon, Marseille, Nice, ou un autre invité surprise.

Si on doit extrapoler, c'est un peu comme le projet de Coupe du monde tous les deux ans : on ne peut pas banaliser le foot de très haut niveau. C'est le meilleur moyen de le tuer. Une Coupe du monde tous les deux ans, c'est trop de matchs. Et puis une Coupe du monde ouverte à tous les pays, on aura un jour Papouasie-Liechtenstein en huitième de finale ? On l'a vu avec le dernier Euro qui a donné des tas de matchs dont personne n'avait rien à foutre. Je suis sans doute suffisamment vieux pour ne pas voir un jour cette triste évolution du football, qui me paraît cependant assez inéluctable. Tôt ou tard, le business prendra le dessus, on aura une Coupe du monde tous les deux ans, et une forme de Super League aménagée en communion avec l'UEFA. C'est dommage. Et tellement triste.

MESSI-RONALDO

Le duel des GOAT, nouvel épisode

Messi et Ronaldo qui changent de club durant le même mercato, je trouve ça absolument incroyable ! Alors bien sûr, ce n'est pas la première fois que Ronaldo change de club, c'est même la quatrième (Sporting Lisbonne, Manchester United, Real Madrid, Juventus Turin et de nouveau MU). En revanche, c'est évidemment la première fois que Messi bouge en signant au PSG. Ces deux transferts ont occulté tout ce qui a pu se passer par ailleurs, hormis peut-être l'épisode Mbappé. Le feuilleton de l'été du PSG, jusque-là, c'était plutôt Pogba, mais le jour où Messi est rentré dans la danse, plus personne n'en a parlé ensuite.

Alors l'histoire avec Messi, c'est que la prise de contact du joueur date de six à huit mois avant son arrivée. Ça, c'est typiquement le recrutement qatari : il faut que ça brille, il faut qu'il y ait du diamant et de l'or. Sauf que cinq jours avant la signature, pour eux, le dossier est mort : c'est entendu, Messi va prolonger au Barça. Et là, coup de théâtre, Joan Laporta, le président barcelonais, annonce qu'il ne peut pas le garder, qu'il n'en a pas les moyens. Il y a alors un tas de gens qui parlent sans savoir et donc racontent des conneries, et prétendent par exemple qu'avec tout ce que le club a donné comme argent à la Pulga, il aurait pu jouer gratuitement. Or, c'est impossible de jouer pour zéro puisqu'en Espagne, une loi stipule qu'un joueur ne peut pas être payé moins de 50 % que son contrat précédent, afin d'empêcher les magouilles en tout genre. Donc même gratos, Messi ne pouvait pas rester.

À partir de l'annonce de Laporta, au PSG, ça a bossé jour et nuit pendant cinq jours : d'abord pour négocier avec le joueur, ce qui n'a pas été le plus simple quand même, et ensuite pour organiser sa venue, qui s'est d'ailleurs déroulée – toutes proportions gardées, on parle quand même de Messi – de la façon la plus sobre possible, un peu à l'image du joueur. Je suis en vacances à ce moment-là mais je suis cela de près parce que c'est historique. Ce qui marque tout le monde, c'est sa conférence de presse à Barcelone, qu'il finit en larmes. Ça se conçoit : il était là depuis vingt-trois ans. Je rappelle en passant qu'il était arrivé pour se faire soigner pour des problèmes de croissance, ce qui, on peut le dire, a plus ou moins marché parce qu'à l'arrivée, c'est quand même pas Goldorak, le mec ! Ça n'empêche pas que ce joueur m'a toujours fasciné, il est éminemment atypique. Il faut savoir qu'il marche 65 % du temps pendant un match, ce qui est beaucoup – moi, les joueurs qui marchent, ça me ressemble assez, c'est un peu mon style ! Mais évidemment, les 35 % où il ne marche pas... Quel footballeur ! Et même à son âge, faut voir ! Rien qu'à la Copa America l'été dernier : meilleur buteur, meilleur passeur, meilleur joueur.

Certes, ce n'est pas le personnage le plus charismatique de l'univers. Je l'ai croisé une fois dans ma vie, quand j'étais à M6. Samuel Eto'o me faisait visiter le Camp Nou. On tombe sur lui dans le parking. Il portait un survêtement tout pourri, t'avais vraiment l'impression que c'était un clochard ou le jardinier du stade. Le mec ne ressemblait à rien. Mais n'allez pas croire... Sous ses dehors d'homme qu'on pourrait qualifier de très calme, ou de très renfermé, il a un petit côté despotique. On sait qu'il n'a pas toujours eu des rapports faciles avec ses coéquipiers : ça ne s'est pas bien passé du tout avec Zlatan Ibrahimovic, par exemple. On dit aussi qu'il a boycotté Antoine Griezmann. En vérité, c'est juste Griezmann qui a fait le pire choix de sa carrière en signant à Barcelone. La seule position où il aurait pu exceller au Barça, c'était celle de Messi. Bah désolé hein, mais là, y avait pas photo... Ça l'a fait avec

Thierry Henry par contre, mais parce que Titi y a mis du sien. Un jour, je demande à Thierry : « Mais pourquoi tu ne tires jamais un coup franc dans cette équipe ? » Il me répond : « Mais parce que je ne suis pas chez moi ici ! » Sous-entendu, je suis chez Messi, c'est lui le patron. Quand je parlais de Mbappé et du jeu de l'équipe de France qui ne tourne pas autour de lui, j'aimerais bien voir Messi avec les Bleus ! Je ne suis pas du tout sûr qu'on mettrait Messi dans les meilleures conditions pour briller.

L'arrivée de Messi au PSG est donc un choc pour la planète football. On a du mal à le croire, à imaginer le voir jouer sous d'autres couleurs que celles des Blaugranas. On sait que s'il est là, c'est parce que Neymar a tout fait pour. Ce qui est d'ailleurs bizarre et paradoxal quand on se souvient que Neymar a quitté le Barça parce qu'il en avait marre d'être le lieutenant de Messi. À ce propos, il y a une vraie date fondamentale dans la carrière du Brésilien : c'est la remontada contre Paris, en mars 2017. Ce soir-là, si Barcelone se qualifie, c'est grâce à Neymar. C'est lui qui fait le match : il met deux buts dont un coup franc magnifique, il provoque un penalty, il donne la passe décisive à Sergi Roberto sur le but de la qualif... C'est lui, le héros de ce match ! Et pourtant, le lendemain, dans la presse espagnole, il n'y en a que pour Messi, qui lui n'a pas été bon du tout. À ce moment-là, Neymar se dit, j'en ai marre – ça mérite le jeu de mots sur ce coup-là ! Je suis très fan de Neymar, il y a peu de mecs pour qui je paierais mon billet pour les voir jouer, mais lui en fait partie. Je pense qu'il brille tout seul et que Messi ne le fait pas briller davantage. Mais qu'il ait souhaité l'arrivée de Messi au PSG, c'est selon moi une forme d'intelligence de sa part, parce que c'est vrai qu'il y a une communion de football entre eux. La manière de jouer, de combiner, c'est très prometteur pour le PSG.

Pendant que Messi rejoint son pote au PSG, Ronaldo, lui, retourne donc à Manchester United. Il ne se plaît pas à la Juve, enfin plutôt à Turin, pour être précis. Quiconque a déjà mis les pieds dans cette ville peut le comprendre. À chaque fois que je suis allé à Turin, en voyant ces rues très larges, ces interminables arcades, je me suis toujours dit que l'armée de Mussolini allait débarquer et défiler. Après, bon, si c'est pour faire des pompes dans sa salle de gym, il peut le faire n'importe où. Mais je pense aussi qu'il y avait un problème avec l'équipe : elle n'est pas très sexy, ne lui correspondait pas vraiment et je pense qu'il s'ennuyait. Il se met donc tout seul sur le marché. Je n'ai pas cru une seule seconde qu'il puisse aller à Manchester City. Pas parce que ça aurait été une trahison vis-à-vis de United – ça, je pense qu'il n'en a rien à foutre. Je pense plus simplement que ce type de joueur, ce n'est pas dans l'ADN de Guardiola. En revanche, que Ronaldo se soit servi de l'intérêt supposé de City pour appâter United, ça ne paraîtrait pas impossible, ni surprenant... Pour Messi, il n'y avait que deux destinations possibles : Paris ou Manchester City. CR7, c'était United ou City, ou Paris à la limite. Mais on n'allait pas non plus faire « Les Hespérides » à Paris en ne prenant que des mecs de 35 ans ! Donc voilà, il revient à Man U. Et il revient direct en forme, il marque tout de suite des buts. Son arrivée est accompagnée, comme d'habitude, des sempiternelles rumeurs selon lesquelles il aurait mis tout le vestiaire au régime, fait interdire les sodas, etc. (En même temps, il avait annoncé la couleur à l'Euro puisqu'il a viré les cannettes de Coca du pupitre lors de sa fameuse conférence de presse...) De ce point de vue, je me dis que ça doit être très très chiant de partager le quotidien de Cristiano Ronaldo ! Pour des raisons et dans des contextes très différents, je pense que Messi et Ronaldo sont des mecs extrêmement chiants à vivre. Après, je suis toujours parti d'un principe, c'est que je pense que pour être un grand champion, il faut être quelqu'un de pas normal. Moi, le seul footballeur grand champion « normal » que j'ai connu, c'est Robert Pirès. J'entends par normal, un mec qui rigole, ne se prend pas plus la tête que ça, ne veut pas tout gagner tout le temps. Thierry Henry, par exemple, c'est un cauchemar. Il joue aux dominos comme si sa vie en dépendait...

Un jour, on m'a fait dire dans une interview que c'était Ronaldo le meilleur des deux. C'est totalement fake, parce que je ne le pense pas. La vérité, c'est que j'ai plus d'admiration pour Messi que pour Ronaldo parce que des deux, il y en a un qui fait mille pompes par jour, qui s'entraîne comme un démon, qui est un vrai athlète, qui est grand, qui court vite, qui saute haut. L'autre, il a du génie. Je ne dis pas que Ronaldo n'en a pas et que Messi ne travaille pas à l'entraînement, mais il est plus virtuose, il a un « truc » en plus dans le sang. C'est un peu pour les mêmes raisons que je préfère Federer à Nadal, même si Roger est aussi un bourreau de travail.

Après, c'est une question de feeling perso, et je ne supporte plus qu'à chaque fois que l'un d'eux plante deux buts, c'est lui le « GOAT » et pas l'autre. On a surtout une chance inouïe de voir les deux jouer en même temps. Les deux laisseront une trace indélébile dans l'histoire du foot. Et c'est très savoureux de voir ces deux joueurs amorcer à des âges sportivement avancés des virages importants de leur carrière. Il est évident que si Messi arrive à gagner la Ligue des Champions avec Paris, ce sera un truc à mettre totalement à son crédit. Parce qu'on a quand même longtemps dit que Messi était incapable de jouer ailleurs qu'à Barcelone. Alors là non plus, je n'ai jamais compris ce « procès » qu'on lui faisait. Paolo Maldini a fait toute sa carrière au Milan AC, idem pour Steven Gerrard à Liverpool, Javier Zanetti a quasiment fait toute sa carrière à l'Inter, et eux, leur fidélité au club, c'est magnifique, alors que pour Messi, c'était de la lâcheté que de ne pas aller se confronter à d'autres horizons. C'est complètement con. Le Barça était une équipe bâtie pour lui... Alors oui, à un moment donné, il était dans une équipe qui a tout gagné, mais il n'a pas joué que dans des dream teams au Barça, qu'il a beaucoup porté sur ses épaules ces dernières années. Maintenant, il faut voir ce que ça va donner à Paris. Ce qui est certain, c'est que si tout va bien, Messi-Ronaldo, ça va être le gros feuilleton de la saison, notamment en Ligue des Champions, qui va avoir sacrément de la gueule.

LE COVID

Le glas du foot français

En avril 2020, le Premier ministre Édouard Philippe sonne la fin de la récré. « Le foot, c'est terminé. » J'ai été très frustré par cette décision scandaleuse, le genre de celles qui montrent que le foot, et le sport en général, est la dernière roue du carrosse en France, alors qu'on connaît les bénéfices économiques, mais aussi et surtout le simple plaisir, que cela procure. Je suis convaincu que ça aurait fait du bien aux gens de voir un match à la télé en cette période très compliquée, même à huis clos. On n'en a pas tenu compte… Je pense même que derrière, cet arrêt brutal a mis un coup de frein à l'attirance des gens pour le football. Ils ont appris à s'en passer. Covid, matchs à huis clos et un diffuseur qui sera toujours resté confidentiel : la conjonction des trois a fait que les gens se sont détachés du foot. À un degré moindre, on peut ajouter l'attitude de certains joueurs. Les footballeurs ne sont pas toujours les mecs les plus sérieux du monde : ils sont jeunes, ils pètent la santé, ils se pensent un petit peu au-dessus de la maladie.

Tout cela a fait beaucoup de mal au foot français. Je suis persuadé que si on avait terminé le championnat, le contre-coup aurait été moindre. Et je ne comprends pas que la Ligue soit restée le froc sur les chaussures. Je ne sais pas si c'est parce que Didier Quillot, le directeur général de la LFP de l'époque, savait qu'il se barrait quinze jours après et qu'il ne voulait pas s'emmerder avec ça, mais ça ne fait pas très sérieux. Tout le monde a acquiescé. Il y a même certains footballeurs qui ne voulaient pas jouer, je me rappelle de Romain Philippoteaux, j'avais dit que c'était une majorette. Finalement, il a joué toute la saison suivante à huis clos sans que ça lui pose de problème il me semble, donc c'était quoi la différence ?

Le seul qu'on a entendu, c'est Jean-Michel Aulas, qui a tout fait pour qu'on reprenne le championnat, dont le classement a été gelé. Il a dit que Lyon était floué. C'est la pure vérité. Et au final, on se retrouve avec Nice et Reims en Coupe d'Europe alors qu'ils n'avaient rien à y foutre. Je ne m'explique pas pourquoi le foot français n'a pas rejoué. On pouvait finir à huis clos, comme les Espagnols, les Anglais ou les Allemands l'ont fait. Quand ces derniers ont été les premiers à rejouer, je me suis jeté sur les matchs comme la faim sur le monde. Encore une fois, on est passé pour les cons de l'Europe. On est les seuls à ne pas avoir joué, avec l'Écosse et les Pays-Bas, ce qui nous met au niveau qu'on mérite. Au-delà du sportif, les conséquences ont été économiquement désastreuses pour les clubs, avec la perte des droits télé et de la billetterie. Pour un club comme Strasbourg par exemple, les recettes guichet, c'est 30 % du budget, et la télé, c'est 30 % aussi. Donc tu perds 60 % de tes revenus d'un claquement de doigts. L'argument de Mediapro a consisté à dire : « On souffre du Covid. » Mais regardez, les gens ne peuvent plus aller au stade : pour voir leur équipe, ils sont obligés de regarder la télé. Donc à la limite, c'était le meilleur moment pour commencer à émettre. Mais tout le monde s'est servi de ça comme l'excuse suprême : « J'peux pas, y a le Covid ! »

Canal, de son côté, n'a pas payé la dernière tranche, puisqu'il n'y avait pas de matchs. On a entendu : « Ah Canal, les salauds. » Mais si tu commandes un produit et qu'on ne te le livre pas, tu ne paies pas ! Ça me paraît évident. La Ligue n'a pas poussé très fort, elle s'en foutait : elle avait vendu les droits à Mediapro et tout semblait aller bien. Elle allait être riche, c'était les vacances. Or on aurait pu rejouer de mi-juin à fin juillet. Mais en France, on ne réfléchit jamais au calendrier : on est les seuls à reprendre début août parce que, soi-disant, ça fait venir les vacanciers dans les stades. C'est vrai à Marseille, à Montpellier, à Nice et à Monaco éventuellement, hein. Mais à Lille, à Brest ou à Troyes, ça ne rameute personne de plus. Sur ça aussi, on passe pour des branques depuis trop d'années.

Plus tard, on a eu droit à une jauge à 5 000 spectateurs. Mais là aussi, que d'incohérences ! Que ce soit pour les matchs de l'équipe de France au Stade de France ou à Ajaccio, c'était la même, va comprendre. On aurait pu faire entrer 30 000 personnes au Stade de France en répartissant les spectateurs, non ?

Il y a donc eu évidemment un manque à gagner avec le Covid, mais aussi un manque de joie. À la reprise à huis clos, tu vas au stade masqué, c'était pénible à vivre, ce n'était même pas drôle. Au final, tu n'avais même pas envie d'être là. Je suis allé à Strasbourg en mai 2021 pour rendre visite à Patrick Dreyfus, un administrateur du club, un ami, l'homme le plus gentil que j'ai connu, qui était en train de mourir. Je savais que ce serait la dernière fois que je pourrais le voir, il est d'ailleurs décédé quelques semaines plus tard et ce passage me donne l'occasion de lui rendre hommage. J'en ai « profité » – si je puis dire vu les circonstances – pour assister à Strasbourg-Montpellier. Eh bien voir la Meinau vide, c'était pénible. Quand tu vois un stade que tu connais si bien dans cet état, que tu te souviens de l'ambiance qui y règne habituellement et que tu entends les mouches voler, c'est désolant. Si Strasbourg a un bilan catastrophique à domicile l'année dernière, c'est à cause de ça. Parce que la Meinau, c'est un de leurs points forts.

Sinon, j'ai commenté Brest-Lyon, à huis clos aussi. Là-bas, le vent soufflait tellement fort qu'on avait l'impression qu'il y avait du monde. Ma famille est brestoise, donc j'étais content. Je m'étais fait vacciner le matin même et j'ai pris l'avion vraiment ric-rac pour être au stade. Je l'avais médiatisée, ma vaccination, d'ailleurs : eh bien je me suis fait insulter. De toute façon, je me fais insulter pour tout, sur tout et tout le temps. Que les gens n'aient pas l'intelligence de comprendre qu'en tant que double greffé, je n'ai pas le choix… Enfin bref, voir du foot, cela m'a fait du bien. Comme je le disais, c'est là que tu vois ce que peut apporter le foot sur le plan humain. Ça me fait aussi penser à ce beau moment qui a suivi le PSG-Dortmund. Même si le stade était vide, il y avait plein de supporters dehors et ça a valu quelques belles images à la fin du match, même si évidemment les pisse-froid de service ont dit : « Et les gestes barrières ? » Or, il n'y a pas eu de cluster ce soir-là.

Ce vide humain, on l'a aussi ressenti à Canal. Le plateau du CFC, sans public, c'était un cimetière. Je me souviens qu'à la fin de la première vague de Covid, on avait fait quelques émissions – je ne sais pas trop pourquoi d'ailleurs, parce qu'il n'y avait pas grand-chose à montrer. Ça faisait des mois qu'on ne s'était pas vus avec le reste de l'équipe et là, on se retrouvait pour la première fois sans public, c'était choquant en quelque sorte. Je dirais peut-être encore plus pour moi, qui m'appuyais sur le public, qui jouais avec plus que les autres. Ça a été une souffrance. J'étais d'autant plus impatient de retrouver le public que j'avais loupé la première. J'ai eu le Covid très tôt, fin mars, avec six jours d'hôpital à la clé après quinze jours à crever chez moi – je suis arrivé à l'hôpital en fin de Covid, en fait. Évidemment, avec mes greffes, je me suis retrouvé en insuffisance rénale. Bizarrement, je me suis remis assez facilement. J'ai juste passé huit ou dix jours un peu fatigué à la maison après. À cause de ça, Canal n'a pas voulu que je fasse la première émission post-Covid en plateau. Je l'ai faite de chez moi. C'était assez terrible parce que j'avais un décalage de retour son : quand je parlais, je m'entendais parler. C'était horrible. Je suis allé voir la médecine du travail le lendemain de l'émission. Ça a été une situation pénible, pesante, mais bon, pas que pour le foot ou pour moi, pour tout le monde, les restaurateurs et surtout le personnel soignant.

LES DROITS TÉLÉ ET LES MÉDIAS

Le grand n'importe quoi !

Cette histoire de droits télé, ça fait maintenant des années que ça dure parce que des choix invraisemblables ont été faits. J'étais encore à Canal quand Mediapro a obtenu les droits de la Ligue 1 et évidemment, on a vécu ça comme une catastrophe. Quand on a vu qu'il y avait plus d'un milliard sur la table, on a compris… Et quand on a su, très vite, que le même groupe s'était fait shooter en Italie, on s'est dit : « Ça pue. » Je suis resté très longtemps persuadé que ça ne verrait jamais le jour. Dans ma position de l'époque, quand je communique sur le sujet, je sais que forcément, je vais passer pour un mauvais joueur, à la fois juge et partie. Mais j'ai quand même fait ce constat : « À 25 balles l'abonnement, pour arriver à un milliard et amortir ce coût, il faut 4 millions d'abonnés. Or, quand on fait 2,3 millions de téléspectateurs avec un PSG-OM, c'est un record énorme. Il en manque encore 1,7 million. » Je savais donc qu'ils n'y arriveraient jamais. Et je leur donnais deux ans. Non pas par pronostic, ni par mauvaise foi, mais par simple calcul. Alors on m'a rétorqué : « Tu ne comptes pas la pub. » Mais il y avait quoi comme pub sur Mediapro, à part les sites de paris ? Si personne ne te regarde, t'as pas d'annonceurs, c'est mécanique. Et puis il y avait ce tarif d'abonnement : 25 euros ! Quand tu vois comment les gens ont gueulé sur les 13 balles d'Amazon… En fait, les fans en ont marre de casquer et d'être obligés d'avoir quatre abonnements pour voir du foot. Aujourd'hui, faut avoir Canal, BeIN, Amazon et RMC si tu veux vraiment tout voir. Ce n'est pas possible.

La saison dernière, par un jeu de passe-passe, Canal récupère des matchs en rachetant les deux rencontres de Ligue 1 qu'avait BeIN – 330 millions d'euros quand même, ça fait cher pour deux matchs, dont un de merde, celui du dimanche à 16 h, qui est toujours une purge ! Donc à l'époque, on se retrouve à faire un CFC le samedi soir en crypté. Un bide phénoménal en termes d'audience. On bidouille… comme ce qu'ils font actuellement, avec un CFC version « foot européen » avec zéro image de la Ligue 1. Ce n'est pas ce que veulent les gens.

Ensuite, dès la deuxième échéance de versement, Mediapro arrête de payer. En arguant du Covid. T'as envie de leur dire : « Nan mais le championnat il est commencé depuis quinze jours, vous vous foutez de notre gueule ou quoi ? » De toute façon, il n'y a qu'à voir comment Jaume Roures s'est comporté avec ses employés pour comprendre à qui on a affaire. Donc on ne paie plus, mais on continue à diffuser les matchs. Ah bon ? Arrive le Classico... Là, à Canal, on apprend qu'on va le diffuser. À partir du moment où on sait qu'on va diffuser ce match, je sais aussi qu'on va reprendre le championnat. Ce que l'on fait pour une bouchée de pain – 30 millions. Et on a donc, toute la fin de la saison dernière, l'intégralité de la Ligue 1 sur Canal+. Même si je ne suis plus à Canal aujourd'hui, c'est sa place ! La maison du football, c'est Canal+. Il se trouve que Vincent Bolloré considère que c'est trop cher et qu'à juste titre, il a la rage contre les présidents de Ligue 1 qui ont tous craché sur Canal au moment de convoler avec Mediapro. Souvenons-nous de ce qu'a dit Jean-Michel Aulas une fois l'accord scellé, que c'était un jour béni, un jour de rêve, pour le football français...

Et souvenons-nous aussi que la proposition BeIN/Canal face à celle de Mediapro, c'était 800 millions d'euros. Ce qui était déjà très bien payé pour le football français, qui à mon sens vaut plutôt 600 millions, même si ce début de saison 2021 est plus alléchant. Bref...

Une fois Mediapro hors jeu, nouvel appel d'offres. De toute évidence, Canal+ se sent très fort et commence à dire : « Nous, ce qui nous intéresse, c'est deux matchs : celui du samedi 17 h et celui du dimanche 21 h. » Le reste, c'est pour BeIN, qui traîne un peu les pieds.

L'avant-veille de l'attribution des droits, Maxime Saada, le président du directoire de Canal, est très saignant sur RMC, dans l'*After Foot*. Il dit en gros : « On est là pour sauver la Ligue 1 parce qu'on est bien gentils » – un discours que je n'ai pas trouvé très adapté ni même pertinent. Ensuite, le soir même, Maxime Saada annonce que Canal se retire des droits TV. Je le sais parce que je connais encore du monde là-bas, il a été vraiment envisagé que Canal boycotte la Ligue 1 à un moment donné et que l'offre Canal se résume au foot anglais et à la Ligue des Champions.. C'est déjà bien. Mais ça veut dire plus de CFC, plus de *Late Football Club*.

S'ensuit une bagarre juridique avec un truc qui est quand même du jamais vu, une plainte de BeIN contre Canal. C'est la première fois depuis que les Qataris sont en France qu'il y a une plainte de leur part contre qui que ce soit. C'est pourtant pas du tout leur genre de porter plainte, aux Qataris... En gros, la position de Canal, qui pour moi se tient à 1000 %, c'est : « On ne peut pas payer 330 millions pour deux matchs, alors que t'en as un autre qui paie 250 millions pour huit matchs ! » T'as des mecs qui rétorquent : « Bah ouais mais quand t'achètes une maison et que tu fais une mauvaise affaire, tu ne demandes pas un remboursement.» Sauf que là, ce n'est pas pareil, il y a des appels d'offres. Je trouve l'argument totalement fallacieux. Alors que tu sais depuis le début que Canal va être obligé de continuer de diffuser les deux matchs et qu'ils vont se prendre un bide. Il y a un contrat et je suis désolé mais en France, un contrat c'est fait pour être respecté. Même si au fond, Canal a raison, et que deux fois de suite, avec le même président de la Ligue, ils ont été pris pour des bouffons avec un manque de respect total pour les milliards que Canal a injectés depuis trente-cinq ans dans le football.

Et voilà qu'Amazon met 50 millions de plus que Canal et BeIN en montant de garantie, alors que Canal et BeIN mettent la même somme au total, mais en y incluant 70 millions de bonus. Une fois de plus, la Ligue est allée au pognon sans réfléchir à rien, et notamment à un truc fondamental dont on n'entend jamais parler, c'est l'exposition de la Ligue 1. Déjà, techniquement, si tu habites au fin fond de la Beauce ou de la Creuse, que tu vis dans une zone blanche, t'as pas le foot ! Avec Canal+, t'as un décodeur ou une parabole, et ça roule ! Déjà, ça, c'est invraisemblable. Amazon, on n'a toujours pas un chiffre, hein... Et à mon avis, on n'en aura pas avant un moment.

Je ne sais pas combien de temps ça va durer, Amazon, mais il est évident que leurs reins sont beaucoup plus solides que ceux de Mediapro. Mais en fait, ce qui a été terrible dans cette histoire, c'est le timing. Parce que dix jours après que les droits ont été attribués, il y a Messi qui débarque au PSG. Il serait arrivé quinze jours avant, d'un seul coup, Canal se serait sûrement dit : « C'est formidable, on a deux matchs de Ligue 1, on va avoir Messi souvent. » Je suis persuadé que si Messi avait signé au PSG avant l'attribution, il y aurait eu 100 ou 200 millions de plus.

Mais quoi qu'il en soit, la Ligue serait allée vers ceux qui auraient lâché le plus de pognon, puisque de toute façon il n'y a que ça qui compte, sans la moindre perspective, avec un président qui ne dit jamais rien. Labrune, il ne dit pas un mot. Il se contente de faire des communiqués. Jean-Michel Aulas, qui tire pas mal de ficelles, a dit à la commission de l'Assemblée nationale sur les droits TV : « C'est de la faute à tout le monde, sauf la mienne. C'est à cause du Covid, c'est la faute à Canal qui n'a pas voulu distribuer la Ligue 1... » Ce qu'il oublie de dire, c'est la somme astronomique qu'il a demandée à Canal pour pouvoir distribuer. En réalité, il n'y a pas une plateforme qui a accepté de payer les sommes demandées.

Je vais être très clair : pour moi, tout le monde a tort dans cette histoire. Canal a été trop arrogant,

BeIN a trop traîné les pieds, et la Ligue n'a pas vu plus loin que son portefeuille et les 50 millions de garantis en plus offerts par Amazon. Alors qu'il y avait 70 millions de bonus avec Canal et BeIN. Avec Messi, tu les aurais eus facile, voire même plus. Le problème, c'est que le football français est en grand danger car au moment du prochain appel d'offres, Messi ne sera plus là, Neymar aura 32 ans, Mbappé sera parti... Attention quand même, hein... Si Mediapro avait mis 1 milliard, c'est parce qu'il y avait Neymar et Mbappé, pas pour Khazri et Chardonnet.

Il y a aussi un autre problème, qui n'est pas de la responsabilité des diffuseurs, celui-ci, mais de celle de la Ligue : la distribution des matchs à la con. Moi, c'est mon travail de mater le foot. Le dimanche, je m'envoie quatre matchs : 13 h, 15 h, 17 h, 20h45... J'aime le foot, mais parfois je traîne des pieds, je vous le garantis... Quatre matchs d'affilée... Alors de temps en temps, je regarde le multiplex ou, s'il y a un match un peu plus alléchant sur le papier, je regarde, mais c'est pas possible de mettre cinq matchs de Ligue 1 le dimanche à 15 h. En plus, ça nique le foot amateur, et ça nique aussi les jeunes : parce que s'ils sont sur le banc de l'équipe pro le dimanche à 15 h, ils ne peuvent plus jouer avec la réserve, qui elle aussi joue le dimanche. Donc ça affaiblit les réserves, le niveau des N2/N3, et ça laisse moins de temps de jeu aux jeunes. Bref, ça n'a que des mauvais côtés. Il faut remettre ces matchs le samedi et puis aussi en finir avec le match à 13 h, qui n'est là que pour faire plaisir aux Chinois. Les Chinois, ils s'en foutent de ces matchs, ils ne les regardent pas. Ce ne sont que des mauvais calculs, un concentré d'incompétence et de cupidité.

Je me souviens être allé faire un match de basket à Limoges, avec le regretté Frédéric Forte, au moment où la Ligue de basket était en train de vendre ses droits de diffusion à BeIN. Je leur ai dit : « Mais ce que vous gagnez dans une poche, vous allez le perdre de l'autre. Vous n'aurez aucune exposition, et les sponsors vont se barrer. » Il faut penser à ça... *Take the money and run*, ce n'est pas une solution viable. Je n'y suis plus, mais le foot, pour moi, ça doit être sur Canal, quitte à ce que Canal fasse un effort, qu'on aide la chaîne, qu'on négocie deux matchs en clair sur C8... Parce que là, tu feras une meilleure audience et donc plus de rentrées pub. On compare toujours le prix de Canal avec les autres abonnements. Or, sur Canal, il n'y a pas que le foot, il y a la moto, le rugby, la F1, du ciné, des séries, des créations originales... T'achètes pas que du foot avec Canal.

Au-delà des droits, c'est le traitement éditorial de la Ligue 1 qui m'interpelle. Sur Amazon, il n'y a pas d'émission, à part cette espèce de mise à mort du dimanche soir. On a l'impression de voir un débat politique polonais. Je ne sais pas qui est le criminel qui a conçu ce décor, mais franchement... Et puis le contenu : on a l'impression de regarder les cours de la bourse, quoi... Ça ne rigole pas, ça ne taille pas... T'as envie de demander : « Nan mais qui regarde ça ? » J'ai la réponse : personne ! Y a zéro buzz, que dalle. En cinq ou six numéros, cette émission n'a pas eu la moindre reprise... C'est le monde du silence. On aurait pu avoir le commandant Cousteau à la présentation.

Les jours de match, ils prennent l'antenne vingt minutes avant le coup d'envoi, avec le présentateur qui répète en boucle qu'on est sur « Prime Video ». Mais on s'en fout que tu nous parles de Prime Video, on le sait ! On est dessus ! Regarder (enfin, subir...) tout ça, c'est mon travail, donc je suis abonné, mais quelle souffrance...

Les commentateurs, en revanche, font très bien le boulot. C'est carré, propre, pro. Mais ça prend zéro risque, il n'y a rien qui sort du rang. Et dès que ça sort du jeu, comme lors des incidents de Nice-Marseille ou Lens-Lille, ça rame, hein. Ne pas montrer les images de l'envahissement de terrain par les Lensois, ce n'est pas un soi-disant choix éditorial, c'est juste de la lâcheté ! Je ne dis pas que c'est facile de tenir l'antenne une heure et quart quand il ne se passe rien. Mais à part répéter « C'est dommage, le football doit être une fête »... Stooop !

Durant ma période de silence et après mon départ de Canal+, beaucoup de gens m'ont imaginé aller chez Amazon. Mais qu'est-ce que j'y ferais ? Avec mon style, je ne peux pas aller sur une chaîne qui ne fait que raconter « le monde merveilleux de la Ligue 1 », où tout le monde se pâme en disant « Quel spectacle, ça c'est du football... » Ce n'est pas du curling, quoi ! Un mec comme Laurent Paganelli, même si les gens peuvent trouver qu'il n'est pas drôle, qu'il ne parle pas bien les langues étrangères, etc., c'est une autre valeur ajoutée par rapport à ce traitement totalement aseptisé. Je vais prendre une métaphore culinaire : des ravioles de coquilles Saint-Jacques, ça peut être servi dans n'importe quel restaurant de merde. Si tu vas manger la même chose au Pré Catelan, le plus, ça sera le fond de sauce... Bah là, c'est pareil. C'est ce que je disais souvent au CFC : « Je suis le fond de sauce, je suis le poivre. » Et quand t'as pas de poivre, eh ben c'est fade. Or Amazon, c'est un robinet d'eau tiède. Ils camouflent ça en se targuant d'avoir Thierry Henry comme consultant. D'après eux, quoi qu'il dise, le prestige de l'avoir, ça fait la diff'. Même si je connais peu de gens qui connaissent aussi bien le football que lui, tout ce qu'il dit ne peut pas non plus être d'une pertinence incroyable. Il dit aussi des choses que tout le monde a vues...

Après PSG-Lyon, Mauricio Pochettino vient sur leur plateau et personne ne lui pose la question du remplacement de Lionel Messi. C'est pas de la polémique, pourtant ! L'idée, ce n'était pas de lui dire : « Pourquoi t'as sorti Messi… connard !? » Mais en tant que journaliste ou consultant, on est quand même en droit de lui demander : « Pourquoi t'as sorti Messi ? » C'est quand même suffisamment rare dans la carrière de la Pulga, à domicile qui plus est, pour qu'on lui pose la question, nan ?!

Tout ça devient mou, poli, béni oui-oui. Je vais le dire sans fausse modestie mais, probablement du fait de mon absence, Canal est rentré dans le rang d'un point de vue éditorial ; quant aux nouveaux détenteurs des droits de la Ligue 1, ils font comme Mediapro, à savoir « l'actualité de la Ligue 1 heureuse ». C'est désolant.

LA LIGUE 1

Un roman national pas si mauvais

Depuis des années, on a admis comme un postulat de base que le spectacle proposé par la Ligue 1 était médiocre. Dans la déliquescence des droits télé, la qualité du jeu s'est ainsi souvent retrouvée clouée au pilori. Trop d'équipes qui bétonnent, qui n'essaient pas de gagner mais seulement de ne pas perdre, et des spectateurs (ou des téléspectateurs) qui se font chier. Je ne suis pas forcément d'accord avec cette analyse. C'est un peu tarte à la crème et une excuse facile de dire qu'il n'y a pas tout le temps de grosses affiches. La répartition des droits télé joue beaucoup dans cette impression-là : quand tu vois que Canal+ paie 331 millions d'euros pour deux matchs par journée et se retrouve avec Clermont-Monaco, ce n'est pas sérieux.

Toujours est-il qu'il y a des équipes qui essaient de jouer, et c'est déjà pas mal. C'est pour ça que je suis assez heureux de cette première partie de championnat parce que je vois des équipes qui, même si elles ne gagnent pas nécessairement, me donnent tout de même du plaisir. Troyes et Clermont en sont les meilleurs exemples : toutes les deux pratiquent un football cohérent, avec un très très bon pressing côté clermontois, une volonté de jeu peut-être encore plus affirmée côté troyen. Alors c'est quasiment certain, on ne va pas tarder à voir surgir le débat dans *L'Équipe* : « Le beau n'est-il pas un frein au maintien ? » C'est vrai qu'on ne s'ennuie pas, mais il vaudrait peut-être mieux qu'on se fasse chier pour se maintenir ? J'ai du mal avec cette logique. J'imagine que les joueurs de Troyes prennent du plaisir et se régalent. Je suis toujours parti d'un principe avec les équipes défensives : si tu te fais chier mais que tu gagnes, ok, ça « passe » parce que tu gagnes. Mais dès que tu ne gagnes plus, là tu te dis : « C'est vrai qu'on se fait chier. » Les promus qui ont gardé un effectif stable par rapport à la saison précédente profitent de leurs automatismes, de leur lancée. À un moment donné, ils vont sûrement caler. Mais au moins tu fédères, tu donnes de l'espoir à ton public, du plaisir à ton équipe. Quand il y aura des moments plus difficiles, le public se souviendra des bons matchs.

Autre équipe intéressante : Strasbourg, qui a pris un virage beaucoup plus offensif avec l'arrivée de

Julien Stéphan – et surtout le départ de Thierry Laurey. Lui, il me rendait fou. À chaque fois qu'il jouait avec un attaquant, il perdait. Une pointe, une défaite ! Je ne le regrette pas celui-là, même s'il a aussi apporté sa pierre à l'édifice alsacien en faisant monter le club en Ligue 1, en le maintenant, en remportant la Coupe de la Ligue. Tout ça est à mettre à son crédit mais je pense qu'il a fait deux ans de trop, en termes de jeu j'entends. Une équipe comme Brest, qui a des capacités offensives, est aussi enthousiasmante, même si pour l'instant c'est un peu plus compliqué pour Der Zakarian. Nantes a su rectifier le tir par rapport à l'année dernière, quand elle jouait à 11 devant sa surface et serrait les fesses pour ne pas en prendre. Là, cette année, avec des joueurs comme Blas, Kolo Muani ou Simon qui ont pris plus de confiance, ça joue, ça marque des buts.

Dans la veine des équipes offensives qui font preuve d'une vraie volonté de jouer, il y a évidemment le PSG, avec cette ligne d'attaque extraordinaire que l'on sait. Mais convenons que depuis que les Qataris sont arrivés, il y a toujours du spectacle, des buts, un football offensif. C'est peut-être pour ça d'ailleurs qu'ils n'ont jamais fait appel aux services de José Mourinho... Dans un autre genre, il y a l'OM, aussi. Alors j'avoue, j'ai beau regarder les matchs, je ne comprends pas tout. Il y a deux solutions dans ce cas-là : soit je ne suis pas suffisamment compétent en football pour comprendre ce que fait Sampaoli, soit c'est le bordel. Ou alors c'est trop inédit et il nous faudra du temps pour analyser – mais pour moi, ce n'est pas le cas. J'avais déjà noté les failles dans le jeu des équipes de Sampaoli. Mais bon, toujours est-il qu'il y a un côté flamboyant dans le jeu olympien et ça répond au slogan du club, « Droit au but ». On a vu des équipes de Marseille chiantes par le passé, notamment avec Élie Baup et Didier Deschamps. Même si elles avaient de bons résultats, ce n'était pas l'ADN marseillais. Là, avec Sampaoli, il y a un côté pétillant, excité aussi, qui convient bien à la personnalité de cette ville.

Restons dans le Sud, avec Nice et Monaco, dont on attend beaucoup. Ce sont les frères ennemis. Monaco, je suis déçu par leur début de saison. C'est une équipe qui est très jeune, qui a quelques très bons joueurs, certains un peu moins. C'est quand même un club qui fait beaucoup de paris et le propre d'une telle politique sportive, c'est qu'il y a des gagnants et des perdants. Je pense que le gardien, Alexander Nübel, c'est un pari perdant, par exemple. On leur a vendu le nouveau Neuer, je crois plutôt qu'ils ont le nouveau Kevin Trapp – et encore, ce n'est pas gentil pour l'ancien portier parisien car ce n'était pas un si mauvais gardien. L'autre question, c'est de savoir si Kovac a le même mojo que l'an dernier. Il a souvent fait de bons changements, des compos avisées, avec un effectif étrange fait de joueurs qui sont meilleurs quand ils rentrent que quand ils sont titulaires. Golovin, par exemple, c'est une cata quand il est dans le onze de départ alors que quand il rentre en cours de match, il est bon. Donc à un moment donné, tu as envie de lui dire : « Bon bah tu vas rester sur le banc, c'est là où t'es le plus efficace. » Cette équipe, ce club, je ne vois pas où ils veulent en venir à l'arrivée. Est-ce que les dirigeants sont là pour faire du trading ? Est-ce qu'ils veulent bâtir une équipe ? Ils ne s'expriment pas ou peu, et quand ils le font, ils n'ont finalement rien à dire. Je me pose encore des questions sur les réels objectifs de ce club.

Ce n'est pas le cas de Nice : ils ont rapidement abandonné le trading à tout-va, qui était l'objectif avant l'arrivée d'Ineos. Depuis, ils ont franchi une étape en investissant sur de bons joueurs et surtout sur un bon entraîneur. Je ne suis pas certain que Christophe Galtier soit un excellent tacticien. Je ne vois jamais rien d'extravagant dans ses équipes sur le plan tactique. En revanche, en termes de proximité avec ses joueurs, de management, d'exigence positive, il est top. Il rentre dans la gueule des joueurs quand ils le méritent, mais il est positif. Christophe est un garçon profondément intelligent, qui sait créer un vrai climat de confiance dans un groupe. Le joueur qu'il était n'était pas un saint, il était dur, mais il y a toujours un « truc » spécial depuis qu'il est entraîneur. Bon, ce n'était pas toujours le cas à Saint-Étienne. Avec ses Verts, on se faisait quand même souvent bien chier. Mais il sait s'adapter à ses effectifs. Il a joué un football offensif avec le LOSC, c'est encore le cas avec Nice cette année. C'est peut-être aussi une évolution dans son état d'esprit, dans sa carrière. Je pense que quand tu débutes comme entraîneur, tu as surtout envie de ne pas perdre et que l'envie de victoires, elle vient avec l'expérience, une fois que tu as pris confiance dans tes capacités, dans ta relation avec les joueurs. Et cette année, à Nice, il a de bons joueurs sous la main. Devant, Gouiri, Delort, Dolberg, ce n'est quand même pas dégueulasse ! Au milieu, Mario Lemina et Pablo Rosario font vraiment un très bon début de saison. Et il a Dante... Tellement super, ce mec. Un meneur d'hommes par la joie, pas un bourrin gueulard qui demande à ses partenaires de « mouiller la maillot » – cette expression est tellement con, il n'y a qu'à prendre sa douche avec son maillot, comme ça il sera mouillé. Dante, c'est toujours le sourire. Avec une forme d'exigence, mais toujours vers le positif, ça j'aime beaucoup. À 37 ans, il est revenu d'une rupture des croisés. Bernat, au PSG, a eu la même et ça fait un an qu'il ne joue pas ; Dante, au bout de six mois, il gambadait comme un cabri, il n'est pas fait du même métal...

Et comment ne pas parler de Lens, le facteur X de cette Ligue 1 ? Ce que réalise Franck Haise avec cette équipe est bluffant. C'est le prototype du club qui dépense bien son argent. Ils ont fait un gros investissement avec Seiko Fofana, qui est le meilleur joueur de l'équipe. Je suis convaincu que ce mec-là peut jouer au PSG. Il est monstrueux. Avec le Lyonnais Paqueta, qui travaille comme un numéro 8 avec la finition d'un numéro 10, c'est peut-être le meilleur relayeur de Ligue 1. Lens a aussi recruté Sotoca, qui jouait encore en National 2 il y a cinq ans. Et que dire de l'arrière latéral droit Jonathan Clauss... Si Dubois et Pavard sont en équipe de France, on ne voit pas pourquoi lui n'y serait pas.

Ne nous voilons pas non plus la face, la Ligue 1 possède aussi ses « mauvais élèves », des équipes avec lesquelles on s'emmerde un peu plus. À un moment donné, c'est une question de joueurs. Quand il n'y a pas de qualité, technique en particulier, c'est plus facile de défendre que d'attaquer. Attaquer, c'est marquer des buts – et marquer des buts, ça reste, dans le football, la qualité suprême.

L'une des déceptions de ces derniers mois, ce sont les Girondins de Bordeaux. En reprenant le club,

Gérard Lopez a voulu repartir d'une feuille blanche, sauf que celle-ci ne l'était pas tout à fait. Bordeaux traîne quand même un paquet de joueurs qui étaient là l'an dernier, qui n'étaient déjà pas bons et ne sont pas devenus meilleurs par magie cette année. Le recrutement a été fait en fonction de ce que permettait la DNCG : beaucoup d'inconnu(e)s, de prêts, de paris. Et le début de saison confirme les inquiétudes que suscite ce club depuis plusieurs années. On a l'impression que les joueurs s'en foutent. C'est un truc qui m'a toujours frappé. J'ai suivi Bordeaux l'année où ils ont été champions avec Élie Baup, en 1999 : j'étais frappé par l'absence de pression, d'engouement pour le club et de ferveur dans la ville. Le club jouait le titre et globalement tout le monde s'en foutait. Alors quand ça va bien, ça peut avoir un côté un peu décevant, mais quand ça va mal, c'est plus confortable. Ce club pourrait être richissime si la loi Évin était abrogée. Si demain le club pouvait communiquer sur les vins de Bordeaux, il changerait de dimension. Comme Reims avec le champagne.

L'an dernier donc, pas de bon joueur, pas de bon état d'esprit. En fin de saison dernière, ça a été patent : les mecs s'allumaient par presse interposée. Koscielny qui fracasse Ben Arfa, Adli qui dit tout le mal qu'il pense du groupe... C'est chaud que des choses sortent à ce point du vestiaire !

Ils s'en sont tirés parce qu'ils ont eu un petit sursaut sur la fin, mais là on s'aperçoit depuis le début de saison qu'ils sont repartis pour un exercice galère. Alors évidemment, on ne peut pas présager de ce que sera le classement final, mais les signaux, pour l'heure, ne sont guère enthousiasmants. J'ai déjà vu plusieurs matchs où l'équipe était aux abonnés absents pendant une mi-temps, voire une heure. Pas d'engagement physique, pas de volonté, pas de combativité. C'est quand même Bordeaux ! On parle d'une place forte du football français, et d'un magnifique stade – le seul « nouveau » stade en France où je ne suis jamais allé, d'ailleurs.

Autre monument en péril du football français : Saint-Étienne. Aaaaah, Sainté. Quelle pétaudière ! Ce club est dirigé par un type qui vit aux Émirats Arabes Unis, Bernard Caïazzo, et par un monsieur assez âgé qui a visiblement du mal à se remettre du Covid et qui est agrafé, scotché, collé à son siège, Roland Romeyer. La question de la vente du club revient régulièrement sur le tapis, mais à mon avis, ce n'est pas pour demain. Je crois que la rumeur sert plutôt de gigantesque écran de fumée pour pouvoir dire à la fin : « Bah vous voyez, on a voulu vendre, on n'y arrive pas, il faut nous prêter un peu d'argent, parce qu'on est les seuls qui pouvons maintenir le club à flot. » Les faits me donneront peut-être tort, mais c'est ce que je pense à l'heure actuelle. Le prince cambodgien qui veut investir, qui a bloqué l'argent, n'a même pas eu accès à la data room ! Qu'est-ce qui peut l'expliquer ? Les deux présidents sont extraordinaires : quand tu parles à l'un, il passe son temps à tailler l'autre. Quand l'un dit blanc, l'autre dit noir. Ça fait des années que ça dure et ça les pousse à accumuler les mauvais choix. Quand Printant prend la place de Gasset, c'est un mauvais choix. J'adore Ghislain, mais ce n'était pas un truc à lui confier. Et le jour où il est mis de côté, la conférence de presse de Romeyer et les propos qu'il y tient sont scandaleux. Il se permet de dire que Printant n'avait pas le niveau et que c'était une connerie de le prendre. On ne dit pas ça devant le mec qui est là ! Et puis Claude Puel est arrivé... Quand il débarque, l'équipe est dernière. Il est là depuis deux ans et elle est toujours dernière, ou presque. Avec des choix aberrants. Sous couvert de contraintes financières, de chasse aux gros salaires, il s'est tiré une balle dans le pied. Ce qui a sonné son glas, c'est la gestion du cas Stéphane Ruffier. Qu'il ne soit pas le mec le plus sympa de la Terre, c'est un fait entendu. Que ce ne soit pas le meilleur coéquipier, idem. Mais que quelqu'un puisse se dire que Jessie Moulin est un meilleur gardien de but que Ruffier, ce n'est pas possible. Il faut savoir mettre son ego sous son mouchoir et faire jouer les joueurs qui vont faire gagner les matchs. Et Dieu sait que Ruffier, à défaut de faire gagner des matchs, il a évité d'en perdre un paquet.

Même si Saint-Étienne a fait un bon derby contre Lyon le 3 octobre, l'équipe manque de qualité. Des problèmes d'équilibre, en revanche, il y en a en pagaille : en janvier 2022, sept joueurs vont partir à la CAN. Et dix-sept joueurs arrivent en fin de contrat à la fin de la saison. Donc le mec qui va racheter ce club, quand il va avoir accès aux chiffres, il va aussi avoir accès au déficit, et là je pense qu'il va avoir de grosses surprises. Quand t'as mis le PGE (le prêt garanti par l'État) dans tes actifs, ça veut déjà dire que t'as 24 millions et demi de moins que ce qui est budgeté. Alors oui c'est les Verts, c'est Geoffroy-Guichard, c'est la légende, un public merveilleux, on est bien d'accord là-dessus. Mais là, pas le choix, il faut tout nettoyer. Sinon, la plaie va continuer de s'infecter. Mais pour tout nettoyer, il faut des moyens, et il faut aussi des compétences, donc ce n'est pas un prince cambodgien, un fonds de pension américain ou un entrepreneur local qui vont sauver l'affaire ! J'ai vu tellement de grands hommes d'affaires (Lagardère, Afflelou, Louis-Dreyfus) se vautrer avec le foot... Parce qu'ils réagissent comme des enfants. Robert Pirès m'a raconté qu'un jour,

Jean-Luc Lagardère l'invite à voir un match chez lui. Et Robert, qui n'est quand même pas le mec le plus attentif du monde à ce genre de choses, me dit : « Il était comme un gamin que je sois chez lui. » On parle de Jean-Luc Lagardère, d'un homme à la tête d'un empire industriel. Bah c'était un vrai gosse avec le foot. Avoir réussi dans les affaires n'est absolument pas un gage de réussite dans le football. Absolument pas. Parce que le foot a un côté impalpable. Un dirigeant n'achète pas des cadres supérieurs avec des diplômes, il achète des joueurs, avec les aléas que ça implique : le mec va peut-être se blesser en début de saison, perdre confiance, avoir du mal à trouver un logement, déprimer, ou bien c'est sa femme qui ne va pas se plaire à tel endroit... Comme je dis souvent, il s'agit d'acheter et de gérer des footballeurs, des êtres humains, pas des tondeuses à gazon. Je suis donc très inquiet, à plus ou moins court terme, pour Saint-Étienne. De plus en plus court, le terme, d'ailleurs. Que l'ASSE ait dix-sept joueurs en fin de contrat en fin de saison, c'est un gage de rien du tout. Certains vont se dire : « Je m'en bats les flancs, je ne serai plus là l'année prochaine, je me retrouverai un club. » Et si les dix-sept sont dans le même état d'esprit, le club est mort. Si, à l'inverse, ces dix-sept mecs se disent : « Il faut que je me trouve un bon club l'année prochaine, donc je dois me montrer », il y a plus de chances que le club se sauve. Prenons un mec comme Wahbi Khazri, mis de côté par Puel qui est ensuite revenu le chercher un peu contraint et forcé. Quand on voit la motivation dont il fait preuve et comment il se donne, eh bah chapeau.

À un degré moindre, parmi les clubs décevants, il y a Rennes. Chaque saison, il donne l'impression de se chercher. Ce qui est étonnant, voire inquiétant, c'est qu'ils ont dépensé 80 millions pour leur recrutement. Dont pas mal de millions pour certains jeunes qui débutent. C'est bien de recruter des jeunes, mais c'est bien aussi de recruter des mecs qui ont un peu d'expérience, dans la force de l'âge. Je ne comprends pas certains choix, comme de dépenser 25 millions sur Doku, par exemple. Je pense qu'à terme, il peut les valoir. Mais ce n'est pas un investissement pour Rennes. Pour Lyon, Marseille, Monaco, oui. Mais pour Rennes, c'est trop. À ce prix-là, tu peux prendre de bons joueurs confirmés, des mecs qui se prennent en charge. Des profils de joueurs qui, quand l'équipe tâtonne un peu, vont tirer le groupe. Je pense que là, il y a une erreur de casting. C'est dommage parce que je crois que Rennes a le public le plus sous-coté de France. On n'entend jamais parler de ce public, et pourtant il y a une sacrée ambiance au Roazhon Park.

Quand on fait un tour d'horizon des clubs, on se rend finalement compte qu'il y a pas mal d'équipes qui proposent quelque chose. Plus qu'avant, du moins. Je pense que cela peut s'expliquer par un phénomène générationnel, par l'arrivée de nouveaux entraîneurs. Quand tu remplaces Laurey par Stéphan à Strasbourg, ça a un impact sur le jeu. Peter Bosz, quand il est arrivé à Lyon, avait un peu ce côté « regardez-moi, pauvres petits Français, je vais vous expliquer le football » qu'ont certains entraîneurs étrangers. Il m'a un peu saoulé. Sauf que le mec fait ce qu'il dit et ça c'est bien. Au début, ça tâtonnait un peu, mais il y a un truc qui se met en place, malgré le fait que les résultats ne sont pas toujours au rendez-vous. Évidemment, c'est beaucoup mieux avec Paqueta et Guimaraes que quand ils ne sont pas là. Mais bon, c'est un peu comme toutes les équipes, quand il y a les meilleurs joueurs, c'est quand même bien mieux. Sampaoli, c'est la même. Ce sont des mecs qui apportent quelque chose au foot français. Contrairement à ce qu'on a pu dire, je n'ai jamais été « pro » entraîneurs français, ni « anti » entraîneurs étrangers : je n'ai juste pas participé à la hype Bielsa, parce que j'avais des échos de l'intérieur, avec des joueurs qui au bout de deux mois en avaient ras la casquette. Du coup, on m'a collé l'étiquette du mec qui n'aime pas les entraîneurs étrangers et qui préfère les entraîneurs français. Mais non, je me fous de la nationalité. Je préfère juste un bon entraîneur.

L'OM

La flamboyance aux deux visages

Je crois qu'on est nombreux à être dans ce cas : l'OM est un club que j'adore autant qu'il m'exaspère. Quand on aime le foot, on ne peut qu'aimer ce club, l'ambiance qui règne au Vélodrome. L'OM c'est droit au but, c'est flamboyant. Je n'imagine cette équipe qu'avec un jeu flamboyant, tourné vers l'attaque. L'OM, pour moi, c'est celui de Bielsa, de Sampaoli, plus que celui de Baup ou de Deschamps, même s'ils ont eu de bons résultats. Quand on va au Vélodrome, plus encore que dans d'autres stades, on s'attend à ce que le spectacle sur le terrain soit à la hauteur de celui en tribunes, même si évidemment ce n'est pas toujours le cas.

C'est un club que j'ai suivi deux fois dans ma carrière : l'année après la relégation consécutive à l'affaire VA-OM, qui m'a permis de faire la connaissance de Bernard Tapie, et l'année où ils ont fini deuxièmes derrière Bordeaux et sont allés en finale de la Coupe de l'UEFA, perdue contre Parme. Cette année-là, j'étais à Marseille toutes les semaines et j'ai pu constater le même phénomène qu'avec le PSG, à savoir que c'est un club épuisant à suivre, où il y a une merde par jour. T'es jamais tranquille. Il se passe toujours un truc. La saison 98-99, c'était Rolland Courbis l'entraîneur. Et Rolland entraîneur ou Rolland chroniqueur, c'est la même gouaille, le même art consommé de ne rien dire en faisant des phrases à l'image du club, flamboyantes !

Il y a eu beaucoup d'histoires extra-sportives dans ce club, avec les différents épisodes de rachats, Kachkar, Louis-Dreyfus, Labrune président, McCourt, le mirage saoudien… Moi, j'ai toujours été persuadé que McCourt ne vendrait pas. Parce qu'il n'a pas envie. Je suis désolé, avec les Saoudiens, comme l'a encore montré la reprise de Newcastle, tu n'as pas de rumeurs qui fuitent dans la presse pendant des mois. Ça te tombe sur la gueule du jour au lendemain : « Tenez, voilà un chèque de 350 millions pour le club. Une autre question ? » Bon, va falloir convaincre les joueurs d'aller vivre à Newcastle, maintenant ! Je connais bien l'endroit, c'est quand même la ville qui sent le vomi le vendredi soir. Pour faire venir les grandes stars du foot, il va falloir allonger les biftons !

Mais revenons-en à Marseille. L'année dernière, l'OM commence la saison avec sur son banc Villas-Boas qui, pour une raison qui m'échappe complètement, m'adorait. Il trouvait que je parlais toujours bien de lui, alors que bon... Un jour, il m'envoie un message après avoir demandé mon numéro à un mec de l'OM pour me remercier des choses gentilles que je disais sur lui. J'ai pris, hein ! Les compliments, on prend toujours ! Surtout ces derniers temps, c'est pas si souvent... Et puis il est parti. D'aucuns diront qu'il a laissé tomber le club. D'autres avanceront que le geste ne manque pas d'élégance. Une fois n'est pas coutume, j'avoue n'avoir pas d'avis sur le sujet. Un départ qui a valu à Nasser Larguet, le bien nommé, d'assurer l'intérim. Un charmant monsieur qui était là pour rendre service au club.

Un jour, Jacques-Henri Eyraud m'a invité à déjeuner à Marseille, dans un restaurant des Calanques avec vue sur mer. Très sympa. Je me souviens d'être sorti de ce repas en me disant que le mec n'était pas con. Mais en me demandant surtout ce qu'il foutait dans le foot. On ne peut pas gérer un club de foot, a fortiori un club comme l'OM, sans avoir les compétences dans ce domaine ni la passion qui va avec. Ce type n'avait pas la fibre OM. Il suffit de voir Longoria en tribunes pendant les matchs, c'est un malade. Eyraud et Marseille, ça ne collait pas. Ça ne collait pas non plus avec les supporters. Ça a quand même fini par une attaque en règle de la Commanderie. Pablo Longoria, qui avait été embauché quelques semaines auparavant comme directeur sportif, a pris le relais. Il est jeune, il n'est pas Français, mais il a fait un mercato malicieux. Il y aura beaucoup à payer la saison prochaine, vu qu'il y a beaucoup de prêts avec option d'achat, un subterfuge qui permet quand même de mettre un peu la poussière sous le tapis. Il a monté une équipe qui est imparfaite, incomplète, mais qui a plein de côtés alléchants, avec un fou furieux sur le banc de touche. Je concède être loin d'être fan de l'attitude de Sampaoli. Il donne l'impression de vouloir se friter avec quelqu'un à chaque match. Il s'en tire merveilleusement à Nice. Son comportement n'a pas été digne d'un entraîneur. Aller se friter avec les supporters de Nice qui ont envahi le terrain, ce n'est pas à la hauteur d'un coach. Sur ce coup-là, il ne vaut pas mieux qu'eux.

Malgré cela, le début de saison marseillais a été alléchant. Tactiquement, c'est le bordel, mais un bordel sympathique. C'est-à-dire qu'il y a plein de joueurs qui n'évoluent pas à leur poste, mais sur l'enthousiasme, ça marche. Et ça marche aussi sur la forme exceptionnelle de Dimitri Payet en ce début de saison. Je pense que si Dimitri vient à baisser le pied à l'entrée de l'hiver, comme ça lui est malheureusement trop souvent arrivé, ça va devenir plus compliqué. Je pense aussi qu'il y a des joueurs qui ne sont pas au niveau des ambitions du club, comme Pau Lopez, le gardien espagnol qui a pris la place de Steve Mandanda de manière totalement arbitraire. Il n'a pourtant rien montré qui me fasse dire qu'il est meilleur que Mandanda. Rien. Et surtout, Sampaoli se coupe d'une connexion importante dans le vestiaire si jamais ça part en cacahuète, ce qui est toujours possible. Je ne suis pas non plus fan du dénommé Luan Peres, dont je trouve les placements pour le moins hasardeux. Gerson, le plus gros investissement estival olympien, est pour l'heure un bide total. Saliba, on me trouvera peut-être un peu dur, mais c'est deux conneries par match. Ça peut venir, mais il manque de concentration, je trouve. À côté de ça, il y a des mecs qui sont plutôt intéressants : Guendouzi, Ünder, ou le petit Dieng, qui était déjà au club.

L'OM de Sampaoli joue à trois derrière. J'y reviendrai, mais je n'aime pas ça. Les mecs jouent quand même à des postes bizarres. Quand ça va moins bien, là on se demande : « Mais qui joue où ? » Alors effectivement, bâtir une tactique contre l'OM, c'est difficile. Après, il y a le retour de Milik qui devrait faire du bien. Ça va être une pointe. Mais Milik, il va jouer à la place de qui ? Quel joueur va sauter ? Où va jouer Payet ? Quid du petit Dieng ?

Quand Lens vient gagner (2-3) au Vélodrome le 26 septembre, on pouvait se dire : « Ok, Lens fait un super match. » À Lille une semaine plus tard (2-0 pour le LOSC), on a senti les joueurs paumés. À se demander s'ils comprennent tous ce qu'attend Sampaoli. Et ils donnent l'impression d'être déjà cuits physiquement, alors qu'on en est à la neuvième journée. Mais avec la Ligue Europa, ils ont quand même disputé six matchs en dix-huit jours et au regard des efforts qu'exige ce système, ça pèse sur les organismes. D'autant que le banc de touche n'est pas au niveau des titulaires. À l'heure où j'écris ces lignes, difficile de dire comment va se terminer la saison. Est-ce que l'OM va trouver une forme de stabilité tactique qui va lui permettre de jouer les premiers rôles ?

Enfin, quand on parle de l'OM, comment ne pas évoquer Bernard Tapie, qui nous a quittés le 3 octobre dernier. Bernard, comme je l'ai dit plus haut, je l'ai connu l'année de la rétrogradation en D2. J'ai pas mal de souvenirs savoureux le concernant. La veille d'un match à Athènes contre l'Olympiakos, je me pointe à l'entraînement et Bernard était là et m'interpelle : « Viens par ici, on va voir si t'es compétent en foot.» Il prend un ballon, me le donne et me dit : « Allez, essaie de tirer sur la barre. » Je place le ballon aux vingt mètres et je l'envoie pleine barre. « Ok, t'es un bon, toi », me lâche-t-il avec la verve qu'on lui connaît. J'aurais pu retenter vingt fois derrière... La chance du débutant !

Un jour, j'avais pris l'avion avec lui pour Marseille : un steward vient le chercher pour assister à l'atterrissage depuis le cockpit. L'avion se pose, il revient récupérer ses affaires et me dit : « Alors ? T'as vu comment il a posé l'avion, Bernard ?! » C'était un sacré caractère. Tantôt charmeur, tantôt agressif. Moi, il m'a toujours eu à la bonne, même si une fois il m'avait engueulé parce que je défendais trop le PSG au CFC. Je lui avais répondu que c'était quand même un ancien président de l'Olympique de Marseille qui disait ça.

Ces dernières années, on prenait des nouvelles par SMS. Je suis tombé malade avant lui. Après, c'est lui qui est tombé malade. En février 2021, il m'avait adressé un message affectueux. Sa mort m'a renvoyé à celle de mon père, décédé à 53 ans d'un cancer du foie. C'était un 21 mars – une mauvaise date pour moi, puisque c'est le jour où a été diffusé le documentaire de Marie Portolano. Autre coïncidence calendaire malheureuse, 53 ans, c'est l'âge auquel j'ai été greffé du foie. Autant vous dire que pour ma mère, ça a été un véritable choc. Quand Bernard est mort, j'ai ressenti la même émotion qu'au décès de mon père. Ma mère et moi savions un an avant que mon père était condamné. En 1990, il n'y avait pas de chimio ni de greffe possible. Aucun traitement n'aurait pu prolonger son espérance de vie, nous avaient dit les médecins. Donc pour Bernard comme pour mon père, j'ai eu du chagrin sans effet de surprise. Je pense que si ça n'avait pas été Bernard Tapie, il serait mort bien avant. Sa force de caractère, sa combativité l'ont gardé en vie plus longtemps que bien d'autres.

Il faut reconnaître que Marseille, en matière de disparitions, a vécu une année 2021 bien triste. Entre Philousports en juin, René Malleville en septembre puis Bernard en octobre... C'est un curieux « clin d'œil » de l'histoire que ces deux grandes figures de l'OM soient parties à quelques jours d'intervalle. René, je n'étais pas toujours d'accord avec lui. On s'était chauffé deux trois fois sur des plateaux, lui et moi. Il réclamait des têtes, n'était pas objectif. Mais il avait « le droit ». Il n'était ni journaliste ni commentateur, c'était un supporter. René, on ne peut pas dire qu'il était dans l'excès, il était l'excès. Et Marseille c'est l'excès. Ça fait partie du folklore.

Je crois que la plus grosse soirée que j'ai vécue avec Marseille, c'est la qualification pour la finale de la Coupe de l'UEFA, à Bologne, en avril 1999. Il y avait eu 0-0 à l'aller et au retour, les Marseillais égalisent à 1-1 à trois minutes de la fin sur un penalty contesté inscrit par Laurent Blanc. Après le coup de sifflet final, ça a dégénéré en bagarre générale. Deux joueurs italiens agressent Peter Luccin à l'entrée du tunnel. Dugarry, qui ne jouait pas, pète un câble et s'en mêle. Blondeau, qui lui était en tribunes, je l'ai vu escalader à mains nues le plexiglass pour aller en découdre. Il a même carrément collé un coup de tête à un carabinier casqué. On a quitté le stade avec les supporters italiens qui nous balançaient des pierres à nous les journalistes, juste parce qu'on était français. C'était un moment incroyable, assez fou. Du coup, trois suspendus pour la finale, ce qui les empêche d'affronter Parme avec un effectif complet et leur coûte peut-être le titre européen. Une finale au cours de laquelle j'ai chopé la plus grosse grippe de ma vie. On est parti de Marseille, il faisait 25°C, on est arrivé en Russie, il neigeait ! De retour à Marseille, il faisait toujours 25°C. Et je n'étais pas du tout habillé pour affronter la neige... Dans l'avion du retour, j'étais jaune, paraît-il. Rolland Courbis, qui avait acheté des pulls pour ses filles, me les avait mis sur moi tellement je grelottais. Je suis resté cinq jours au Novotel à Marseille, incapable de me lever. Et le toubib qui venait me voir, c'était le sosie de Thierry Roland. Que de souvenirs !

J'aurai quand même passé des moments extraordinaires à Marseille. L'histoire de ce club est magnifique, riche de moments de bonheur ultimes, comme en 1993, mais aussi de moments tragicomiques, comme par exemple l'épisode Kachkar. C'est pour cela que ce club, comme je le disais au début, ne peut pas laisser indifférent.

LES VIOLENCES DANS LES STADES

Les supporters sont insupportables

Avant d'être journaliste, je vous l'ai dit, j'ai été supporter, abonné d'Auteuil, au Parc des Princes. Au lycée, j'avais invité une copine au stade. Mauvaise idée. Elle avait eu peur. Quelque temps plus tard, j'ai assisté au premier truc qui m'a choqué dans une tribune : c'était lors de la finale de la Coupe de France PSG-Nantes de 1983, le fameux 3-2. Ils avaient eu la bonne idée de mettre les Nantais au rez-de-chaussée, en dessous des supporters parisiens. Les mecs baissaient leur froc et leur chiaient littéralement dessus. Autant dire que les problèmes de comportement dans les kops ne datent pas d'hier. Le souci, c'est que ça empire…

Dans mes prises de position, depuis que je suis médiatisé, j'ai toujours eu un rapport ambigu avec les supporters. Il m'est très souvent arrivé de prendre leur défense lorsqu'ils étaient victimes d'interdictions de déplacement totalement injustifiées et intempestives, notamment pendant les Gilets jaunes, lorsque les préfets n'avaient pas envie de se faire chier et refusaient d'envoyer les CRS au stade parce qu'il y avait le bordel en ville les samedis après-midi. Cela étant, j'ai toujours considéré – et c'est une spécificité française – qu'on déroulait trop le tapis rouge aux supporters. On a l'impression que leur avis est fondamental, pas seulement dans la vie du club (parce que là c'est une évidence), mais dans son fonctionnement. Eh bah désolé, mais ce n'est pas à eux de composer l'organigramme ! À Bordeaux, ce sont presque les supporters qui ont fait basculer le club en juin dernier. Le président Frédéric Longuépée, il n'en pouvait plus. Moi, j'ai toujours eu cette formule : « Un supporter, c'est fait pour supporter, pas pour être insupportable. » Or on s'aperçoit depuis le début de la saison qu'ils le sont, insupportables. Il y a eu beaucoup trop d'incidents violents consternants. C'est arrivé deux fois à Montpellier, avec un bus de supporters girondins, pas franchement connus pour leur violence caractérisée et qui sont sous sédatifs depuis cinq ans vu les résultats du club : les mecs se sont fait caillasser, il y a eu des blessés, c'est incroyable. Et comme par hasard, ça arrive à Montpellier : pour les gens qui n'ont jamais mis les pieds à la Mosson, faut voir où est situé le stade... En face, c'est le quartier de la Paillade, le boxon ! Ce n'est peut-être pas très politiquement correct de le dire, mais c'est à ça que ça ressemble ! Si le club cherche à déménager, c'est en grande partie à cause de ça...

Pire encore que les incidents disons « classiques », il y a eu ce truc invraisemblable à Nice, le 22 août, quand Payet a pris une bouteille d'eau pleine dans le dos, de plein fouet, et derrière ces gens qui ont le culot de dire que Payet aurait dû être expulsé. Est-ce qu'ils se rendent compte du choc que ça a dû être pour lui ? À la fois la douleur que ça peut représenter et surtout la peur qu'il a pu ressentir. Il a dû se demander : « Mais putain, j'ai pris quoi ? » Ça aurait aussi bien pu être un coup de hache. Que la réaction de Dimitri suffise à mettre le feu aux poudres est inquiétant. Et cet abruti qui lui fonce dessus pour s'en expliquer et en découdre… Fou !

Moins d'un mois plus tard, le 18 septembre, avant un derby contre le LOSC à Bollaert, un immense tifo apparaît, au milieu de quelques autres banderoles insultantes, déployé par les supporters lensois : « Lille merda ». T'as envie de dire : « Est-ce que c'est vraiment utile, franchement ? » Quand t'es capable de faire un aussi beau tifo dans toute une tribune, est-ce que t'es obligé de mettre « Lille merda » ? Du coup, à la mi-temps, les supporters lillois, vu les intellectuels qu'il y a parmi eux, commencent à balancer des sièges. Envahissement de tribune, le match est arrêté pendant 45 minutes.

Quatre jours après, à Angers, les Marseillais disent avoir reçu une bombe agricole dans leur parcage... Première nouvelle que les supporters angevins envoient des bombes agricoles ! On apprendrait que c'est une bombe agricole des Marseillais qui a pété toute seule dans la tribune que ce ne serait pas étonnant. Dans la foulée, envahissement de terrain, avec une violence incroyable.

Le lendemain, pendant PSG-OL, les supporters lyonnais balancent un siège qui atterrit sur un gosse de 10 ans qui allait au stade pour la première fois...

Mais on attend quoi pour réagir ? Qu'il y ait un mort ? On fait souvent référence au plan Leproux. Certes, il avait sifflé la fin de la récré, mais il faut se rappeler qu'il avait fallu un mort, après ce match contre l'Hapoël Tel-Aviv de novembre 2006 durant lequel il n'y avait que des supporters du PSG dans le stade ! Un jeune homme roué de coups par des mecs de la tribune d'en face. On attend que ça se reproduise pour faire quelque chose ? Pour expliquer cette violence, j'ai entendu David Dickens, un chroniqueur des *Grandes Gueules* de RMC, dire que c'était un effet post-Covid : les types n'ont pas été au stade pendant un an et demi et du coup, ils font n'importe quoi, comme si c'était un défouloir. Moi, je n'y crois pas, à cette théorie. C'est oublier les *fights* organisés entre groupes de supporters sur les parkings des aires d'autoroute. Bon, à la limite, tant que les abrutis se tapent sur la gueule entre eux en dehors de toute organisation, bah ça les regarde, hein. On ne peut pas empêcher un con d'être un con. Et ce n'est pas le foot en lui-même le problème, dans l'histoire. Un mec qui vient pour tout casser au stade le samedi soir, on ne va pas me dire que du lundi au vendredi, il est sage comme une image. Quand t'es une ordure, ou quand t'es violent, tu l'es 7/7. Après, je veux bien qu'il y ait des grands débats sociologiques, qu'on trouve toutes les excuses du monde, mais est-ce qu'on se rend compte de l'image dégueulasse véhiculée alors que le début de championnat est sportivement plutôt sympa, plutôt spectaculaire ? Il y a des équipes qui jouent bien, du foot de plutôt bonne facture comparé à ces dernières saisons. Et à l'étranger, on ne parle que de Messi et des supporters qui font que les matchs sont arrêtés ou que la mi-temps dure 45 minutes...

Le dénominateur commun à tous ces événements, c'est l'attitude des dirigeants, qui protègent et dédouanent leurs supporters. Le président de Nice Jean-Pierre Rivère qui va faire des pipes aux supporters qui ont envahi le terrain... Et vas-y que je te tape dans la main... Elle est où, la posture de président ? Partout en France, les dirigeants bichonnent les supporters parce qu'ils en ont peur, peur qu'ils cassent tout... Ils font du clientélisme ! Les joueurs aussi flippent de leurs propres supporters, toujours à dire « on fait ci ou ça pour eux ». Mais les supporters, ils ne devraient avoir qu'une chose à demander, c'est que l'équipe gagne, ou au moins qu'elle joue bien. Point. Je me souviens de Djamel Belmadi, aujourd'hui sélectionneur de l'Algérie, à l'époque où il jouait à Marseille. À un moment où ça tourne mal à l'OM, comme ça arrive souvent, il y a un supporter qui l'attend à sa voiture et lui dit : « Allez, bouge-toi, enculé ! » Belmadi, il a coupé le contact de sa voiture, il est descendu, il a attrapé le gars par le colbac et lui a dit : « Moi, je joue pas, alors tu fermes ta gueule ou je t'égorge. » Eh ouais, mais il en faudrait peut-être un peu plus de joueurs comme lui, qui portent leurs couilles face aux supporters. Moi, si j'ai des responsabilités dans un club un jour, je n'irai pas faire des mamours aux supporters. Ils seront bien traités, comme ils le méritent, mais s'ils me font dans les bottes comme pas mal d'entre eux viennent de le faire avec leur club, ils auront affaire à moi.

Le dirigeant qui m'a paru avoir la meilleure attitude dans tous les incidents que je viens de relater, c'est Olivier Létang, le président de Lille, qui n'a pas fait la moindre déclaration pour dédouaner ses supporters et va certainement prendre les mesures qui s'imposent derrière. Le président lensois qui dit que tout est de la faute des Lillois... euh... et ce tifo de 100 mètres sur 80, vous n'êtes pas au courant ? Vous n'êtes pas au courant de ce qui se passe chez vous ? Ou alors vous l'avez autorisé et du coup, vous êtes responsable ? À un moment donné, ça suffit. Il faut prendre des mesures fortes. Lesquelles ? Pourquoi ne pas s'inspirer des Anglais ? Il y a une trentaine d'années, ils ont dû faire face à des problèmes inouïs, dramatiques, avec leurs supporters. Le Heysel en 1985 et Hillsborough en 1989 ont fait des dizaines de morts... Pourtant, le problème a été réglé. Comment ? En multipliant le prix des places par dix. C'est-à-dire que le mec qui est derrière les buts à l'Emirates Stadium, il a un sacré niveau de vie. Ce n'est plus un ouvrier. Si le prix des places est élevé, c'est au minimum la classe moyenne qui peut aller au stade. Et il est évident que plus le niveau de vie des supporters augmente, moins t'as de chances de voir un avocat ou un médecin torse nu avec des tatouages derrière un but à traiter tout le monde d'enculé. Ce n'est pas très politiquement correct ça non plus, mais c'est un fait.

Là, je prends les paris, ça va se tasser sans être solutionné. Les mecs vont se dire qu'il faut se tenir à carreau, même s'ils n'en ont pas la moindre envie. Et puis ça va rentrer dans l'ordre. Il va y avoir quelques interdictions de stade plus ou moins longues, un peu de prison pour les deux ou trois abrutis qui, parmi les plus violents, seront les plus faciles à identifier. Et puis ça va repartir... Ce que l'on sait, c'est que la solution ne viendra pas des politiques. Faudrait déjà qu'ils comprennent quelque chose au foot... Quand on entend Roxana Maracineanu... Alors elle est gentille, mais en termes d'incompétence footballistique, on atteint des sommets. Elle ne comprend rien à rien. Ce n'est pas son sport, ok. Mais il y a quand même des gens au ministère qui pourraient la briefer, non ? On a l'impression qu'on lui dit « Vas-y, démerde-toi, c'est toi la ministre. » C'est un torrent de niaiseries. Quand elle est arrivée en poste, l'une de ses premières réactions, c'est d'avoir été outrée par des propos homophobes lors d'un PSG-OM. Elle avait entendu « Oh hisse enculé ». C'est sûr que pour elle qui avait la tête sous l'eau quand elle faisait de la compétition, ça doit défriser ! Mais je ne suis pas certain que « Oh hisse enculé » soit la démonstration la plus évidente de l'homophobie dans le football. Cette année, après Nice-Marseille, elle a réussi à justifier la réaction violente des joueurs marseillais, sur le mode « Bah ils n'allaient quand même pas se laisser faire. » Je le répète, je n'ai absolument rien contre Payet dans cette histoire. Mais les autres, comme Alvaro là, qui encore une fois va faire le barbot, à provoquer une tribune entière... Reste à ta place, papa !

Au-delà des violences, de manière générale, on a vraiment l'impression que rien ne va jamais aux supporters. Regardez ceux du PSG qui gueulent à propos du design du maillot, les couleurs du club qui ne seraient pas respectées. Mais oooh, ça va quoi ! Et les couleurs, c'est une chose, mais l'important, c'est ce qu'il y a dedans, les valeurs qui vont avec. Ça me rappelle une anecdote. Ça devait être mon premier ou mon deuxième *Canal Football Club*. J'avais dit qu'on s'en branlait de leur histoire de maillot. Eh bah le dimanche d'après, des supporters de Paris m'attendaient à la sortie du studio pour me faire la peau. Je le redis aujourd'hui, on s'en branle de leur histoire de maillot. Ils ont des dirigeants qui font venir Neymar, Messi, Mbappé... et ils leur font un cirque parce qu'il n'y a plus la bande rouge au milieu du maillot. C'est désespérant. Surtout qu'ils ont l'air malins aujourd'hui : avec l'arrivée de Messi, ils en ont vendu 200 000, des maillots soi-disant « de merde ». La polémique sur la musique pour l'entrée des joueurs au Parc des Princes, « Who said I would » de Phil Collins, c'est du même tonneau... Daniel Riolo, il a fait sept tweets dans la journée là-dessus. Je me demande s'il n'a que ça à foutre ? Il n'y a rien d'autre à dire ? En plus franchement,

Phil Collins, vu les soucis qu'il a en ce moment avec son ex-femme qui passe son temps à lui faire des coups tordus, il n'en a rien à branler, à mon avis. Et ce n'est pas que je trouve que le son de DJ Snake soit meilleur – après, tu me diras, on a bien laissé Youssoupha et sa marche funèbre être l'hymne des Bleus (même si la FFF a rétropédalé ensuite sur le sujet)… Les paroles étaient assez jolies mais la musique, avouons que c'était relativement sinistre. Ça leur a bien porté chance, aux Bleus…

L'EURO

Un tournoi fade et sans relief

Je dois humblement avouer que j'ai suivi cet Euro d'un œil distrait parce que, au regard de mes histoires, je n'étais pas dans ma meilleure période. Je ne peux pas dire que ça a provoqué chez moi un dégoût du foot, ni même un désintérêt, mais j'étais meurtri et je n'avais pas la tête à ça. Après, même sans cela, je n'aurais pas été emballé : parce qu'ils sont bien gentils avec leur Euro à 24, mais ça fait beaucoup trop de matchs de merde ! C'est terrible : ça ne date que d'il y a quelques mois, mais je suis presque obligé de fouiller dans ma mémoire pour en tirer des moments forts. J'ai l'impression que cet Euro, écrasé entre une saison à huis clos et un mercato déchaîné, avec Messi et Ronaldo notamment, est passé par pertes et profits. Il n'a pas marqué les esprits. D'ailleurs, ça fait un moment qu'une grande compétition n'est pas restée gravée dans les mémoires, exception faite de la joie suscitée dans les pays vainqueurs. 2018, ça nous a marqués en France, mais à l'étranger, ils n'en retiennent pas grand-chose.

Je suis persuadé que la multiplication des équipes favorise cette fadeur. Qu'est-ce qu'on en a à foutre d'avoir l'Islande ou la Finlande ? Pour le côté universel du foot ? On s'en tape ! On parle de l'Euro ou de la Coupe du monde, c'est la super élite là. Ce qu'on veut voir, c'est le top du top, le gratin, pas des sous-fifres. Je me souviens de l'équipe de France qui a gagné l'Euro 2000 : en poule, il y avait le Danemark, la République tchèque et les Pays-Bas. Et en phase finale, l'Espagne, le Portugal, l'Italie. Quand tu gagnes l'Euro après avoir cogné toutes ces équipes-là, à part les Pays-Bas que les Bleus ont clairement laissés gagner pour finir deuxièmes et rester jouer à Bruges, tu te dis ok, ça c'est fort ! Là, il y a eu trop d'affiches sans intérêt. C'est une aberration de voir que les meilleurs troisièmes pouvaient être qualifiés. Finir troisième d'une poule de quatre et être qualifié pour la suite, ça n'a pas de sens. On dirait un tournoi de sixte du dimanche de Pâques. Et pourquoi pas organiser une consolante aussi ?! Ça dilue l'intérêt mais surtout la qualité du jeu. Parce qu'une petite équipe, elle se dit à raison : « Je vais bétonner à mort le premier match et gagner 1-0 sur un malentendu. » Avec 3 points, elle peut finir meilleure troisième et se qualifier pour les huitièmes. Il faut donc resserrer les groupes, ça nous offrira des matchs de meilleure qualité.

L'autre particularité de cet Euro, c'était cet éclatement de la compétition dans plusieurs pays : c'est le prototype d'une fausse bonne idée parce que ça a rendu la compétition totalement injuste. Elle était inéquitable, de base. Quand il y a un pays organisateur, il est avantagé bien sûr, mais tous les autres sont logés à la même enseigne. C'est une contrainte historique, ça se passe comme ça depuis les années 30, les sélections font avec. Il faut bien qu'il y ait un pays organisateur, et c'est normal qu'il soit qualifié d'office. Là, on a vu l'équipe de France qui va jouer en Allemagne, puis en Hongrie, et enfin en Roumanie. Ça augmente la fatigue, ça marque les joueurs. Certains pays ont fait des milliers de kilomètres en quelques jours, tandis que d'autres ont beaucoup moins bougé – les deux finalistes d'ailleurs, tiens donc, comme c'est bizarre… Ça n'a pas de sens. L'argument de dire que c'est pour partager les frais, c'est un peu juste aussi. Si on demandait à l'Angleterre ou à l'Allemagne d'organiser un Euro, tout serait prêt : les stades, les infrastructures hôtelières, les transports... Mais voilà, ce sont des décisions politiques, prises pour flatter les égos des fédérations puisque ce sont elles qui votent, mais qui sont une aberration sportive. J'en profite pour extrapoler de nouveau sur les propositions d'Arsène Wenger visant à organiser une Coupe du monde tous les deux ans... Déjà, c'est très mal présenté, son truc. Effectivement, ces coupures internationales régulières, ça fait chier tout le monde, notamment les pays sud-américains. Non seulement les joueurs subissent la coupure, mais en plus, en revenant, ils ne peuvent pas jouer avec leur club. L'idée de définir des plages internationales très précises, je trouve que c'est une bonne idée. Mais pas une Coupe du monde tous les deux ans... C'est galvauder ce rendez-vous.

Alors que retenir de ce dernier Euro ? La première chose qui m'a marqué, comme tout le monde, même si je ne regardais pas ce match quc j'ai pris en cours en apprenant la nouvelle, c'est ce qui est arrivé à Christian Eriksen. C'est très triste pour le joueur, et j'espère qu'on le reverra sur un terrain, mais tout ce que ça a entraîné derrière, l'élan de solidarité et de soutien, ça a grandi le foot. À commencer par Simon Kjaer, son coéquipier, qui a eu une attitude ô combien exemplaire et humainement grande. Il le prend en charge tout de suite, après il s'occupe de réconforter son épouse. Il a été fort, émouvant, à la hauteur de l'« événement ». On ne sait pas vraiment ce qu'a eu le meneur de jeu danois mais ça montre, pour moi qui ai vécu de près la mort de

Marc-Vivien Foé en 2003, que les mecs ont beau être des machines de guerre, des F1, quand il y a un pet dans le moteur, tu ne peux rien faire contre ça. Et j'ai trouvé que le Danemark a été, avec l'épopée ukrainienne, la belle histoire de cet Euro, qui n'en a pas connu tant que ça.

Au début des grandes compétitions internationales, on est à la recherche du favori, d'outsiders et de révélations, un Toto Schillaci comme à la Coupe du monde 1990. Et je suis assez friand d'innovations tactiques ou techniques. La grande mode du moment, c'est la défense à trois. Eh bien j'y suis allergique parce que pour moi, ça n'existe pas. La faute à des latéraux qui n'en sont pas vraiment. Essayez, aujourd'hui, de faire le top 5 des latéraux... C'est pas simple d'avoir le compte. Et quand on regarde de près, les vraies défenses à trois sont rares. Ce sont souvent des défenses à cinq déguisées. Et ça me saoule parce que ça dépeuple le milieu. Par définition, tu joues à trois derrière et deux sur les côtés. À de rares exceptions près, tu ajoutes à ça trois éléments offensifs, donc ça ne te laisse plus que deux mecs pour jouer au milieu. Donc au niveau de la créativité, bof... Et il y a ce fameux truc : « Il faut passer par les côtés », ce que j'appelle le système de l'arrosage automatique. Je trouve que ça systématise le football. Au final, dans l'ensemble, c'est le reproche que je fais à cet Euro : je n'ai pas vu beaucoup d'idées et d'identité de jeu.

L'Italie, elle, a montré des choses étonnantes – et comme par hasard, elle a gagné. Ce n'était pas sexy, mais quand même beaucoup plus que ce que la Squadra Azzurra a pu produire par le passé : des tournois pas sexy, ils en ont sorti un paquet. Là, il y a eu une recherche, des joueurs qui apportaient quelque chose, notamment avec le latéral gauche Leonardo Spinazzola qui s'est blessé en quart, malheureusement. Il avait vraiment du punch. Ou Locatelli qui a mis deux buts lors du deuxième match. Et Marco Verratti, qui est arrivé blessé et dont on disait qu'il n'allait pas jouer vu que son concurrent au poste venait de planter deux buts. Pourtant, Roberto Mancini l'a aligné. Mancini, c'est un entraîneur qui a des convictions. Et parmi elles, il y a Verratti. Verratti, dans cette équipe d'Italie pas très fun, eh bien il est là : il touche beaucoup de ballons, il ne le perd jamais et il a été récompensé à la fin. Mancini est à la recherche d'efficacité et de « pragmatisme », un peu à la Deschamps, si on veut. Mais ça n'a pas été vendu comme ça : il y avait beaucoup plus d'enthousiasme pour le jeu de Mancini que pour celui de Deschamps. Or je ne suis pas certain que le jeu des Bleus était beaucoup moins emballant à la Coupe du monde 2018.

La grande énigme de cet Euro, pour moi, c'est l'Angleterre. Quand on voit la sélection de Gareth Southgate sur le papier, elle doit mettre le feu à tout le monde. Mais Southgate a décidé d'en faire une équipe de pisse-froid hyper défensive avec des joueurs offensifs qui n'ont quasiment jamais joué, ou très peu. Sancho ou Rashford, on ne les a pas vus jouer, les pauvres, seulement rentrer en finale et tirer des penos alors qu'ils n'avaient pas touché le ballon une seule fois. La preuve de cette frilosité, c'est la finale : les Anglais ouvrent le score et derrière, ils arrêtent de jouer. C'est incroyable, parce qu'ils avaient les moyens offensifs de perturber l'Italie, surtout avec un match qui va en prolongations. Là, on voit typiquement le réflexe « je gagne, alors *shut up!* » Et le tout encouragé par une presse anglaise qui, par définition, n'a quasiment aucune analyse tactique et se contente uniquement des résultats ou des histoires annexes, du « people ». Elle a avoué qu'elle s'emmerdait, reconnu que le fond de jeu était nul, mais elle se satisfaisait des résultats.

Et puis, il y a eu ce phénomène étranger au football et qui revient de partout : le racisme. Je ne comprends pas que l'UEFA ne prenne pas de sanctions fortes. Après, les joueurs sont également responsables : ils n'ont qu'à quitter le terrain. Qu'est-ce que tu vas dire à Mbappé ou Pogba qui se font insulter en Hongrie, s'ils sortent ? L'équipe de France va perdre par forfait ? Bien sûr que non, parce que l'UEFA perdrait la face aux yeux du monde. Ce qui m'a aussi vraiment choqué et déçu, c'est l'attitude du public anglais en finale : tous ces mecs qui ont essayé de rentrer dans le stade sans billets, et encore une fois leur racisme pendant le match et après. Coïncidence « malheureuse » : les trois joueurs qui ont raté leur peno sont tous les trois noirs. Les insultes sur les réseaux sociaux qui ont suivi, c'est indigne. On dit souvent que l'Angleterre est un pays où il n'y a pas de racisme, ce qui est une énorme foutaise. Il est très peu présent à Londres parce que c'est une ville cosmopolite, mais plus on va vers le nord de l'Angleterre, moins il y a de noirs dans les équipes... Ce triste épisode a montré qu'ils n'avaient pas non plus tout réglé à ce niveau-là. J'ai vraiment été très déçu par l'attitude du public anglais, qui aujourd'hui n'est plus d'une ferveur invraisemblable.

BENZEMA

Un nouveau Karim

Mon premier contact avec Karim Benzema, c'était à l'occasion d'une interview donnée à *L'Équipe Magazine* dans laquelle il avait déclaré : « Combien de Ballons d'Or Pierre Ménès a-t-il gagnés pour parler comme ça ? » Ce à quoi j'avais répondu : « Autant que lui, zéro ! » Je peux donc penser qu'à ses débuts, il ne m'appréciait pas beaucoup ! Ce qui est son droit. Et puis il est venu au CFC et ça s'est super bien passé.

Je pense qu'il y a plusieurs Benzema en Karim. Il y a le Benzema de l'OL, sous l'influence de son entourage, qui pour le coup était proche. Trop proche même, et probablement néfaste. C'est à cette époque qu'il avait déclaré qu'il préférait l'équipe d'Algérie, qu'il jouait pour la France par intérêt, etc. On ne peut pas le réduire à ces paroles, mais on ne peut pas non plus les oublier. Même si je pense qu'aujourd'hui, il ne dirait plus jamais ça, et qu'il a pris conscience de l'importance que l'équipe de France avait pour lui et sa carrière. Et puis il y a le Benzema du Real. J'y reviendrai.

La mise à l'écart de Benzema en bleu, souvenons-nous en, est le résultat de l'affaire avec Valbuena ; une affaire qui n'est d'ailleurs toujours pas jugée, ce qui, soit dit en passant est une aberration : pas besoin de vingt ans d'enquête pour une histoire de sextape ! Tout ce qu'on sait, sans rentrer dans le dossier, c'est qu'il n'est quand même pas blanc-bleu. Il a au mieux servi de *go-between* entre ses potes et Valbuena. Ce qui ne se fait pas envers un coéquipier, et encore moins au sein de l'équipe de France. Mais comme j'ai eu souvent l'occasion de le dire pendant de longues années, ce n'est pas une raison pour prendre perpète ! Ses performances avec le Real suscitaient du désir et la question de son retour est souvent revenue aux oreilles de Deschamps, qui a fini par le rappeler. Je ne sais pas ce que Benzema a fait, ou ce qu'il a changé dans son attitude, son comportement, pour le convaincre. Je ne crois pas que Deschamps ait cédé à une quelconque pression populaire, qui n'est pas tout d'un coup devenue plus forte qu'avant. Je crois même que pas mal de monde s'était résigné et se disait que tant que Deschamps serait sélectionneur, Benzema ne reviendrait jamais. Malgré tout, je pense malheureusement qu'une partie significative des Français estiment, même encore aujourd'hui, qu'il n'a rien à faire en équipe de France. Pas forcément une majorité, mais une partie conséquente de l'opinion publique, car pour prendre un raccourci que je ne cautionne pas, « Benzema, c'est un voyou ». Après, il y a les amoureux transis, ceux qui, il ne faut pas se le cacher, y ont vu une dimension politique : Benzema, le « martyr arabe ». Et puis il y a ceux qui aiment le foot et le voient évoluer en Liga, dont il est aujourd'hui la véritable star... Je parle en connaissance de cause, car j'ai fait plusieurs fois des sondages sur Twitter sur le retour de Benzema en équipe de France. En général, les résultats étaient favorables... à une courte majorité. Mais il faut voir les commentaires ! « Comment on peut réclamer son retour ? », « Il a fait chanter un coéquipier », « C'est un voyou ! »

Alors j'avoue que quand il est revenu cinq ans après, j'étais sur le cul. Comment est-ce possible de rappeler un joueur au bout de cinq ans, qui plus est à 33 ans ? Et ce que je n'ai pas compris, c'est ce retour si tardif : pourquoi ne pas l'avoir rappelé en mars pour préparer l'Euro et travailler l'animation offensive ? Parce qu'on le voit, l'entente avec Mbappé, qui a tout de suite été évidente, est beaucoup plus efficace aujourd'hui. Ce qui, je pense, vient de Benzema, parce que le style de jeu de Mbappé, son rôle d'accélérateur de particules, fait qu'il sera toujours en bout de chaîne. Et vu le style de jeu de Benzema, c'est à lui de servir Mbappé, quitte à être remisé. On l'a vu en octobre lors des phases finales de Ligue des Nations, Benzema a mieux jaugé Mbappé que pendant l'Euro. À l'Euro, il y avait une volonté de combiner. Les mecs sentaient qu'il y avait quelque chose entre eux mais ils ne se sont pas trouvés. D'où l'intérêt de prendre Benzema en mars. Ils seraient arrivés à l'Euro en ayant eu le temps de créer des automatismes. Pour son premier match de préparation, contre le pays de Galles, Benzema avait été plutôt bon. Il manque un penalty, certes, mais il a des occases, il touche le poteau. Puis vient l'Euro, qui est très particulier parce que durant les deux premiers matchs, il n'y est pas. Et les deux matchs suivants, il claque deux doublés. En tout cas, une chose qui me frappe depuis son retour, c'est le visage de Benzema. Il affiche de la sérénité, il semble adouci, on le sent lavé d'un truc, que la plaie s'est refermée. Franchement, c'est beau à voir. C'est même émouvant.

Les esprits chagrins pourront rétorquer qu'avec Giroud qui a mis zéro but, on a gagné la Coupe du monde, alors qu'avec Benzema qui en a mis quatre, on s'est fait sortir en huitième de l'Euro. C'est simpliste, mais présenté ainsi, ça ne souffre d'aucune contestation. Cela dit, je pense que l'arrivée de Benzema dans ce groupe a modifié beaucoup de choses dans le jeu offensif des Bleus. Le fait qu'il soit meilleur avec la balle que Giroud, et Dieu sait qu'il est meilleur avec la balle que Giroud, ça a un petit peu inhibé les deux autres. Surtout Griezmann. Griezmann, quand il envoyait le ballon à Giroud, il savait que Giroud allait le bloquer et lui remettre. Il se doutait bien qu'il n'allait pas se retourner et se barrer avec la balle. Je note toutefois une vraie différence entre le Benzema du Real et celui des Bleus. Au Real, il est vraiment devant, à la pointe de l'attaque. En équipe de France, il a cette volonté de participation au jeu. Ça lui permet de s'exprimer comme il l'aime, mais ça éteint le rendement de Griezmann. Encore aujourd'hui, je ne suis toujours pas persuadé que Benzema-Griezmann, ça fonctionne, là où je suis convaincu que Benzema-Mbappé, ça peut être très fort.

Benzema avait dit qu'il revenait pour gagner un titre. Il en a gagné un : la Ligue des Nations. Certainement pas le plus prestigieux, mais c'est un titre. Et quand on voit comment les quatre demi-finalistes ont joué les matchs, ce n'est pas une médaille en bois. La qualité de jeu était bien au-dessus de ce qu'on a pu voir à l'Euro. Et ce qui m'a épaté, c'est le rendement athlétique de Benzema. Les efforts qu'il a pu faire contre la Belgique et l'Espagne, c'est impressionnant. Il a fait énormément d'efforts défensifs, beaucoup plus que Mbappé, qui lui doit garder ses forces pour accélérer en contre. Dans les deux matchs, la France a eu très peu la balle, et cette débauche physique, Benzema l'accepte ; ce rôle de harceleur de défense, il le prend à sa charge. Cette capacité à répéter les efforts, à épuiser l'adversaire, est frappante. Mais il a aussi mis deux buts venus d'ailleurs ! Celui contre la Belgique étant à mon sens plus dur à mettre que le but qu'il inscrit en finale. Contre l'Espagne, il enroule bien sa frappe et elle part dans la lunette. Superbe. Mais sur le but contre la Belgique, il est entouré de quatre défenseurs et il arrive quand même à se frayer un chemin pour se coucher et croiser sa frappe du gauche magnifiquement.

Revenons-en maintenant au Benzema madrilène. Je pense qu'il a un amour irrépressible pour son club. Je n'ai pas vu tous les matchs du Real, mais c'est un joueur qui porte son équipe à bout de bras. On a l'impression que s'il se blesse, ça va être très dur pour les hommes d'Ancelotti. Le départ de Ronaldo l'a logiquement métamorphosé. À partir du moment où CR7 est parti, on lui a demandé de devenir le leader de l'équipe. Il aurait pu ne pas assumer cette charge, mais je pense qu'il est content de ce rôle.

Comme il était content de se mettre au service de Ronaldo et admettait de bosser pour un mec qui, durant cette période, était le meilleur joueur du monde, parce que pendant ce temps-là, les trophées tombaient. Côtoyer Ronaldo, au fil des années, a fait comprendre à Karim l'importance du travail, de la récupération, de la muscu, de l'alimentation. C'est devenu un grand professionnel complètement tourné vers son travail. Physiquement, il est au top. Et j'y reviens et j'insiste là-dessus, on sent la sérénité sur son visage.

Alors maintenant, tout le monde réclame qu'on lui attribue le Ballon d'Or. Je vais me répéter, cette récompense, je n'en ai rien à foutre ! Pour moi, c'est un OVNI. Il y a ceux qui pensent que c'est Jorginho qui mérite le Ballon d'Or parce qu'il a gagné la Ligue des Champions avec Chelsea et l'Euro avec l'Italie, et d'autres qui veulent voir Benzema couronné alors qu'il n'a rien gagné, à part la Ligue des Nations… Honnêtement, je m'en fous ! Benzema, à choisir, il préférerait quoi ? L'Euro ou le Ballon d'Or ? Tous les ans, on me demande : « Alors Pierrot, ton favori pour le Ballon d'Or ? » Ce trophée, je vais être honnête, je m'en fous depuis que Nedved l'a gagné contre Thierry Henry ! Tout ça parce que les pays de l'Est ont voté pour le Tchèque comme un seul homme. Une fraude, je vous dis ! Depuis ce jour-là, je m'en désintéresse. Je serais ravi pour Karim qu'il l'ait, quelque part ce serait un beau message à envoyer, mais connaissant les critères des mecs, ça me paraît un peu compliqué qu'un joueur qui n'a pas gagné les titres les plus importants soit primé. Dans ce cas-là, Lewandowski le mérite aussi. Et quelques autres avec eux. Voilà en tout cas des interrogations qui ne m'empêchent pas de dormir !

L'histoire de Karim est quand même incroyable. Quand j'ai vu la finale de la Ligue des Nations, je me suis dit : « Mais comment on a pu se priver d'un tel joueur pendant cinq ans ? » Ça nous a privés de beau foot. Évidemment, on est allé en finale de l'Euro 2016 et on a gagné la Coupe du monde, donc on peut dire qu'il n'a pas manqué tant que ça. C'est implacable. Mais quand on va au-delà des trophées... Là, je parle d'un truc que Deschamps ne peut pas comprendre, c'est le plaisir du jeu. L'esthétique. Voir jouer Benzema, c'est beau, on prend son pied. Quand tu te tapes deux cents matchs par an comme c'est mon cas, avoir des mecs qui offrent du plaisir, c'est un régal. On les aime. On a même de l'indulgence pour eux ! Moi, par exemple, j'ai de l'indulgence pour Neymar parce que quand il joue, il me donne du plaisir, même si ce n'est pas trop le cas cette saison. C'est pour ces artistes-là qu'on aime le foot. C'est comme les mecs qui jouent agressif au poker – je ne parle pas de moi là, je suis serrure au possible ! Les mecs qui ont du panache, qui tentent des choses, c'est ça qu'on aime voir ! Et Benzema-Mbappé, c'est une attaque qui a du panache. Honnêtement, même si l'équipe de France a mis cinq buts en deux matchs en demi et en finale de Ligue des Nations, je ne suis pas sûr que tout soit fait pour les mettre dans les meilleures conditions. Ce sont eux qui se mettent dans les meilleures conditions, par leur niveau de jeu, leur QI foot. Les deux buts de Benzema, c'est Mbappé qui lui donne le ballon. Les deux fois, on constate la connexion. Aujourd'hui, en vue de la Coupe du monde au Qatar, c'est ce que cette équipe a de plus précieux. En plus d'avoir de bons joueurs efficaces, on a de beaux joueurs. Ça, ça rehausse l'image de cette équipe de France qui, même si elle a de bons résultats, est plutôt chiante à voir jouer, dans l'ensemble. Alors espérons que Deschamps aligne ce duo dans les meilleures conditions au Qatar et qu'il lâche le frein à main pour qu'on voie du beau football.

L'ÉQUIPE DE FRANCE

Un Euro raté, un potentiel surcoté

Ceux qui me suivent depuis des années savent que je n'ai jamais été un grand fan du style de jeu, ou plutôt de l'absence de style de jeu d'ailleurs, de Didier Deschamps. J'avais fait preuve de mon pessimisme avant la Coupe du monde 2018, et on m'en a suffisamment mis dans la tête derrière. Malgré la victoire des Bleus, je n'ai pas été emballé pour autant. Le premier tour est d'une médiocrité sans nom, ce match contre l'Argentine est un petit peu irrationnel – il est gagné par Mbappé soit dit en passant (sa course lunaire de 80 mètres avec le penalty au bout et un doublé), sans oublier le but insensé de Benjamin Pavard. Derrière, c'est très maîtrisé contre l'Uruguay, ça ne l'est pas du tout contre la Belgique. Mais ça passe. Et cette finale, contre la Croatie... Ce soir-là, j'étais à CNews avec Pascal Praud, qui me dit : « C'est horrible, on est champions du monde, mais on n'a pas d'émotion. » Je lui ai répondu qu'on ne pouvait pas en avoir.

Parce que c'est un miracle, cette finale. On met quatre buts en tirant trois fois au but. C'est du jamais vu. En première période, je le maintiens – même si dans le documentaire de Nagui, Deschamps a remis en cause le fait que j'aie revu la finale, or je l'ai revue plusieurs fois –, c'est un miracle ! On a pris une leçon de football. On a aussi été aidés par le fait que Subasic, blessé, ne pouvait pas plonger – après tout, les Croates n'avaient qu'à mettre un autre gardien. Mais bon, on est champions du monde, hallelujah, allons enfants de la patrie, tout le toutim… Mais je suis désolé, depuis la Coupe du monde, à part le Portugal-France de novembre 2020 (0-1), je n'ai pas vu un bon match maîtrisé de bout en bout de la part de l'équipe de France. Ce match au Portugal, il est parfait, intelligent, on a plein d'occases – bon, évidemment, tu as Martial en bout de chaîne, donc c'est compliqué de marquer un but. Sinon, à part ce match, c'est toujours ric-rac, c'est toujours des tactiques où tu te dis que peut-être, là, on va avoir droit à quatre joueurs offensifs… Mais non, on n'y a jamais droit.

Le 18 mai 2021 arrive donc ce qui nous intéresse tous : la liste de Deschamps. Et là, surprise du chef : on apprend le retour de Benzema. Je me dis tout de suite : « Mais pourquoi il le rappelle maintenant ? Il ne pouvait pas le faire quatre mois plus tôt pour que le mec travaille sa complémentarité avec les autres ? » C'est comme ce qu'on a vu avec le PSG en début de saison : on a encore l'impression qu'il suffit de mettre des noms sur un papier et ça roule : « Ah bah ouais, Neymar-Messi-Mbappé, c'est complémentaire. » Mais non ! Une complémentarité, ça se travaille ! Et pas à l'entraînement, mais en compétition.

Avant l'Euro, on a donc ces deux matchs amicaux contre le pays de Galles et la Bulgarie. Dans le premier, Benzema rate un penalty, se crée des occases, mais bon, c'est « saint Benzema », donc tout ce qu'il fait c'est bien, c'est formidable. Contre les Bulgares au stade de France, pour le coup Benzema n'est pas bon et Giroud rentre en cours de jeu. Il marque ses deux buts, à la Giroud, c'est-à-dire de près et contre des équipes insignifiantes : il faudrait quand même un jour qu'on voie les 46 buts de Giroud, qu'on regarde contre qui il les a marqués et contre qui Thierry Henry a mis ses 51 buts. À titre perso, si Giroud dépasse Henry comme recordman du nombre de buts marqués, j'aurai mal à mon foot. Je n'ai rien contre Olivier, qui est un mec charmant et intelligent, mais c'est un miracle, ce mec. Chapeau à lui ! Tirer autant de si faibles qualités, c'est formidable.

À la sortie de ce match contre les Bulgares, un journaliste pose (pour une fois, je dirais) une question un peu pernicieuse et Giroud se lâche : « Je n'ai pas été servi... J'ai fait des appels, le ballon n'arrivait pas... » Tout le monde comprend, à moins d'être le dernier des cons, qu'il vise Kylian Mbappé. Et là, t'as envie de lui dire : « Mais quels appels, papa ? » Le mec, c'est un plot. Alors s'il a l'impression que faire cinq mètres vers l'avant, c'est faire un appel, j'ai envie de lui dire : « Regarde Mbappé, tu verras ce que c'est, un appel ! » Et en plus il a le culot de dire ça alors qu'à l'arrivée, il met deux buts. Bref, tout de suite, on se dit que cette décla, ça va foutre la merde... Et ça a bien foutu la merde, parce que Mbappé l'a très mal pris. Et il a boudé. Il a peut-être eu tort de le faire à ce point, mais ce n'est pas très agréable d'être visé alors qu'au final, Giroud a mis ses deux cageots. T'as envie de lui dire : « Olivier, tu nous emmerdes ! » Il est fautif. Je n'ai jamais entendu Mbappé se plaindre en mode « Griezmann, il me file jamais le ballon. » Ça viendra peut-être hein, et ce jour-là on dira qu'il a le melon, pour changer. Hum...

Cette « petite phrase » de Giroud met un coup de frein à la dynamique de l'équipe, c'est évident. Après, je me mets à sa place : il est le meilleur buteur des Bleus en exercice, c'était un des chouchous de Deschamps, Benzema arrive et il est relégué en troisième division... D'autant plus que Deschamps a sélectionné huit attaquants. Mais d'où il va faire jouer huit attaquants, d'ailleurs ? Ça non plus, je n'ai pas compris.

L'équipe de France démarre l'Euro dans cette ambiance et, il faut le reconnaître, dans un groupe pas facile. Ce n'est pas gravé dans le marbre qu'elle va finir dans les deux premiers. À mon avis, il y a eu une grosse préparation, un gros focus sur le premier match. Et l'équipe de France fait un très bon match. Ça joue. C'est très cohérent. Là, tu te dis, l'équipe de France est bien partie, elle a un statut d'archi favori que tout le monde lui accorde, y compris les équipes adverses que ça arrange bien. Et puis il y a ce match contre les Hongrois où, déjà, je ne comprends pas que Pavard joue alors qu'il a quand même pris un choc à la tête contre l'Allemagne. Le mec est aux fraises. Grosse chaleur, accueil hostile, équipe adverse survoltée. Un match de Coupe de France, un peu. Tu fais un nul, tu as quatre points, dans une compétition si bien organisée que les meilleurs troisièmes sont qualifiés : t'es peinard, en gros. Le match contre le Portugal n'est pas bon mais Benzema, qui n'a pas marqué depuis quatre matchs et qui commence déjà à avoir beaucoup moins de fans, met deux buts. Mais je vois bien que le fameux trio d'attaque ne fonctionne pas. Griezmann est englué au milieu de terrain : moi, Griezmann, dans cet Euro, je n'ai que des souvenirs de le voir tacler. Si c'est pour mettre des taquets, c'est pas de Griezmann qu'on a besoin ! Tu fais jouer Ndombélé, tu fais jouer Tolisso, t'as pas besoin de Griezmann pour gratter les ballons dans les pieds adverses. C'est méritoire, mais ce n'est pas là qu'on l'attend.

On passe donc les poules avant ce match contre la Suisse où, là, je suis stupéfait de la composition d'équipe de Deschamps : Koundé latéral droit, alors qu'il n'a jamais joué là de sa vie, Rabiot à gauche, et trois défenseurs centraux, Varane, Kimpembe et Lenglet, qui a fait une saison catastrophique au point de perdre sa place au Barça. On se dit que ça va passer parce que c'est la Suisse en face… Le match est catastrophique. Il n'y a pas de fil conducteur, Mbappé fait des appels, le ballon n'arrive jamais. Dès qu'il a la balle, on dirait un chien qui cherche son aveugle avec Benzema. Il ne risque pas de combiner avec Griezmann puisqu'il est quarante mètres derrière. 1-0 pour la Suisse à la mi-temps, on n'est vraiment pas bien. Et puis pendant vingt minutes, l'équipe de France joue bien, se révolte. Deschamps a apporté quelques corrections. Benzema met deux buts, Pogba en colle un exceptionnel, et là on se dit, 3-1, bon, plus de peur que de mal, ça va passer. Et puis Pogba perd un ballon. Kimpembe est aux fraises, 3-3, puis les tirs au but.… Je pense qu'on est une écrasante majorité à l'avoir vu venir et à penser que Mbappé allait le rater.

Bizarrement, très vite après cette élimination, l'affaire de l'altercation entre la mère de Rabiot et les familles Pogba et Mbappé prend le pas sur le reste. Quand une équipe perd, c'est très français – et ça je l'ai vécu en Corée du Sud à la Coupe du monde 2002 –, c'est parce que l'ambiance est mauvaise. Parce qu'il n'y a que chez nous que l'ambiance dans une équipe est quelque chose d'important. En Allemagne, ils n'en ont rien à foutre. À l'Euro 96, qu'ils ont gagné, le milieu offensif Mario Basler cassait tellement les bonbons à ses coéquipiers qu'ils ont décidé de le péter à l'entraînement. Ils l'ont pété et c'était réglé. En France, il faut que ce soit une colonie de vacances, il faut que Rami aille faire le con avec un extincteur, que ce soit une bande de chouettes copains et que l'aventure humaine soit belle. Quand ça ne marche pas, c'est que celle-ci ne l'est pas. Donc on monte en épingle cette histoire entre les familles des joueurs, alors que tu t'aperçois à l'arrivée que c'est un pet sur une toile cirée.

Mais en vérité, il y a des explications plus sportives ! Forcément ! Déjà, je pense que la préparation physique n'était pas bonne, que l'accent a probablement été trop mis sur le premier match, que derrière il y a eu des blessés importants. Quand t'as plus de latéral gauche de métier, c'est compliqué à ce niveau-là. Et puis on a l'impression que Deschamps ne maîtrise plus rien sur cette compétition. Ce qui est terrible pour lui, c'est l'épisode Kingsley Coman qui est blessé et qui refuse de sortir. Qui c'est le patron, merde ? Deschamps, il doit le prendre par la peau du cul et le sortir. Ce sont de très mauvais signaux qui ont été envoyés.

Après l'élimination, la question du maintien de Deschamps à la tête des Bleus est posée. Va-t-il rester ? Sachant que Zidane est dans les starting blocks... Noël Le Graët, comme toujours, le confirme à la vitesse de l'éclair, comme il confirme quelques semaines plus tard Sylvain Ripoll après le désastre des Jeux olympiques, pour lequel il n'est pas, loin de là, le principal responsable. J'en profite pour ouvrir une parenthèse : le responsable des olympiques, c'est Marc Keller, qui est mon meilleur ami dans le football et dans la vie. Je l'ai au téléphone quelques jours avant les J.O., alors qu'il n'arrive pas à avoir des joueurs, et là, il me dit : « On va peut-être déclarer forfait. » Très sérieusement. Donc les clubs français, qui ont pris l'oseille de l'État pendant le Covid pour survivre, ne sont pas foutus de faire l'effort de libérer deux joueurs pour les J.O. ! C'est honteux. Surtout Rennes, qui a refusé de libérer Camavinga, alors qu'il a fait deux matchs avant de se barrer au Real.

T'as envie de leur dire : « On a bien fait de l'économiser pour vous. Chapeau, belle idée ! »

Pour revenir à Le Graët, quelques semaines auparavant, il confirme Corinne Diacre, qui elle fait joyeusement n'importe quoi à la tête des féminines avec un despotisme absolument jamais vu. Au bout de deux ans, elle redonne le brassard de capitaine à Wendy Renard. Mais madame, qu'est-ce que vous avez foutu pendant deux ans ? Donc pour se faire virer d'un poste de sélectionneur en équipe de France, il faut quoi ? Avoir tué le chat de Noël Le Graët !!??

Nous voilà repartis avec Deschamps. Et les trois matchs qu'on voit juste après l'Euro, jusqu'au « Final 4 » de la Ligue des Nations, c'est compliqué... On a l'impression qu'il y a quelque chose de cassé. Je pense que les joueurs se font chier. Ma théorie sur les supporters s'applique aussi aux joueurs : un joueur qui se fait chier et qui gagne, il n'y a aucun problème ; mais le jour où il se met à ne plus gagner, il se dit « ouh mais dis donc, on se fait chier... »

On a entendu après le titre de 2018 que Deschamps, à l'instar d'un Aimé Jacquet en 1998, aurait peut-être dû partir au sommet de sa gloire. Mais à la différence de Jacquet, qui voulait arrêter d'entraîner, Deschamps se voit toujours sur un banc. Et quand un entraîneur gagne, surtout avec un effectif aussi jeune, il se dit qu'il a encore beaucoup de choses à faire. Sauf que là, en équipe de France, je pense qu'il y a des joueurs qui sont soit surcotés, soit fatigués, soit en bout de course. Malgré toute l'affection que j'ai pour lui, je trouve par exemple que Hugo Lloris, ça devient compliqué. Varane pareil. Kimpembe, qui a d'autres problèmes que footballistiques en ce moment, idem. À droite, c'est un désastre entre Léo Dubois, dont on se demande comment il peut être capitaine de l'Olympique lyonnais, Jules Koundé, dont ce n'est pas le poste, et Benjamin Pavard qui, soyons franc, fait sa carrière sur son but contre l'Argentine…

Au milieu, Paul Pogba, malgré tout le talent qu'il a, on lance la pièce à chaque match avec lui : on ne sait pas si ça va être le Paul nonchalant ou le Pogba brillant. Quand c'est le Pogba brillant, c'est un régal, c'est magnifique. Mais quand c'est le Paul nonchalant, c'est un poids pour l'équipe. Contre la Suisse à l'Euro, on a eu les deux dans le même match. Corentin Tolisso, c'est un très bon joueur, un très bon serviteur, ce n'est pas le mec le plus brillant certes, mais il n'y a pas forcément besoin que de mecs brillants dans une équipe. Le problème, c'est qu'il est tout le temps blessé.

Et puis devant, il y a le « sujet » Karim Benzema. Il met quatre buts à l'Euro, magnifique. Mais on est sortis en huitième. À la Coupe du monde, il n'est pas là, on gagne. Le raccourci est peut-être un peu facile, c'est peut-être une coïncidence. Peut-être… Mais moi, je suis convaincu que Mbappé-Griezmann-Benzema, ça ne fonctionne pas ! Et que ça ne marchera pas, puisqu'il semblerait que ce soit parti pour durer. Et ce qu'il y a à côté, c'est pas folichon avec Kingsley Coman qui, s'il le pouvait, jouerait avec des béquilles, Anthony Martial qui n'a pas le niveau, pareil pour Wissam Ben Yedder. Le prétendu « potentiel gigantesque » de cette équipe, eh bien désolé mais il ne me saute pas aux yeux. Alors effectivement, pour le coup, ça marche quand tu es un peu en mode commando comme en Russie avec un Rami qui sait qu'il ne va pas jouer mais qui ne fait pas chier – et dont l'importance dans le titre en 2018 est à mon avis monstrueuse, soit dit en passant. Ça marche aussi quand tu as un Blaise Matuidi, même si on a toujours l'impression qu'il se casse un os quand il court après la balle. Un mec comme ça, c'est une très grande perte. C'est un joueur qui se mettait au service de l'équipe. Qui n'avait pas d'état d'âme. Or je pense qu'il y a beaucoup de joueurs qui ont des états d'âme aujourd'hui… Olivier Giroud, lui, n'a pas été appelé depuis l'Euro, en guise de punition pour ce qu'il a dit après la Bulgarie. C'est insensé : Didier Deschamps l'a fait jouer pendant trois ans alors qu'il était remplaçant et là, il le lâche alors qu'il démarre bien au Milan AC. Va comprendre…

La solution pour les Bleus ? C'est Kylian Mbappé. Cette équipe doit jouer pour lui ! Ce qu'elle ne fait pas et n'a jamais fait. À ses débuts, il était à droite, ce qui est pour moi son moins bon poste. Là, il est à gauche, mais il n'a pas de ballons. Quand il en reçoit, c'est dans les pieds, avec deux mecs sur lui, alors c'est normal qu'il dribble, qu'il provoque, qu'il joue en retrait ou que de temps en temps il tente sa chance en solo. Sinon, il doit attendre que ses partenaires fassent vingt mètres pour se rapprocher de lui, c'est compliqué. Or Mbappé, sa principale qualité, c'est la vitesse. Donc il a besoin d'avoir des ballons dans la spontanéité. Contre la Bosnie, je l'ai vu faire quinze appels dans le vide. Ce n'est pas normal.

C'est pour ça que je trouve vertigineux d'avoir un joueur de ce niveau-là qui soit si mal utilisé. D'autant plus par un entraîneur qui en rêve ! Si ça emmerdait Deschamps d'avoir Mbappé, qu'il soit obligé de le faire jouer parce que c'est la star du football français, ok ! Mais non, Deschamps, il en rêve de ce profil de joueur. Donc je ne comprends pas. À la limite, ça va faire hurler ce que je vais dire, mais je verrais bien un duo Mbappé-Coman avec Benzema en soutien. Exit Antoine Griezmann. Sauf que lui, bon, à chaque fois qu'il commence à être la tête dans le seau en équipe de France, il nous met deux buts. C'est une force, hein ! Mais force est aussi de constater que ça fait deux ans qu'il est médiocre en club... Si j'avais eu un espace d'expression avant France-Finlande, j'aurais dit que le problème de l'équipe de France, c'est Griezmann. Je serais passé pour un con après son doublé, soit. Il n'empêche que son rôle pose question quand il y a Mbappé et Benzema. Il est trop loin derrière eux. Déjà qu'on ne joue qu'avec trois joueurs offensifs, si l'un des trois se met au niveau des milieux, on ne s'en sort pas ! Ça oblige les deux autres à combiner et à ne pas jouer super collectif.

Il y a eu du mieux lors de la phase finale de Ligue des Nations, avec ces deux matchs contre la Belgique puis l'Espagne. Mais on constate encore que si cette équipe de France est certes présente dans les gros matchs, elle reste une équipe à réaction. Elle a le mérite de savoir subir, de tenir le coup sans le ballon et, quand elle est aussi forte physiquement que lors de ces deux matchs-là, elle finit par « manger » son adversaire, notamment grâce à cette fameuse connexion Mbappé-Benzema qu'on a pu voir à l'œuvre, par moments. Benzema dans les petits espaces et la construction, Mbappé dans les profondeurs et à la finition. Ça peut faire mal à l'avenir.

Reste donc à savoir ce que Deschamps va faire de tout ça. Il devient tiède. Et le jeu de l'équipe de France est à son image : tiède. Il n'y a pas d'envolées. Que j'aime ou pas le football qu'il préconise, j'essaie d'être juste. Il a quand même été champion du monde – « la chatte à Deschamps », moi, je n'y ai jamais cru. Mais je pense qu'être champion du monde avec la qualité des prestations des Bleus, c'était un résultat inespéré. Après le titre de 2018, rappelons-nous qu'il y a quand même des matchs où on a été ridicules. Aux Pays-Bas en novembre 2018 (2-0), comme en Turquie sept mois plus tard (même tarif, 2-0) où on se fait trimballer et où Lloris fait un gros match, heureusement. On voit qu'il y a aussi un manque de prise de risque avec la balle au milieu. On dirait que c'est un drame de perdre le ballon dans cette zone. « Il ne faut pas le perdre, c'est mon précieux. » Je pense que pour revenir à un certain niveau, il faut faire des choix. Mais est-ce que Didier Deschamps va les faire, ces choix ? Mystère. Et rendez-vous en 2022 pour la réponse, comme à beaucoup d'autres questions soulevées par cette « année pas comme les autres ».